Auch Gott hat so seine Schwächen

Erstaunliches über den Herrn
des Himmels und der Erde

Karl-Heinz Fleckenstein

Be&Be

Heiligenkreuz 2016
www.bebeverlag.at

Karl-Heinz Fleckenstein

Auch Gott hat
so seine Schwächen

Erstaunliches über den Herrn
des Himmels und der Erde

Be&Be-Verlag: Heiligenkreuz 2016
ISBN 978-3-902694-83-6

Be&Be

© Be&Be-Verlag Heiligenkreuz im Wienerwald,
www.bebeverlag.at
Direkter Vertrieb:
Klosterladen Stift Heiligenkreuz
A-2532 Heiligenkreuz im Wienerwald
Tel. +43-2258-8703-400
E-Mail: bestellung@bebeverlag.at
www.klosterladen-heiligenkreuz.at

Gestaltung: AugstenGrafik, www.augsten.at
Alle Rechte vorbehalten. Printed in EU 2016.

Für Papst Franziskus im
„Heiligen Jahr der Barmherzigkeit"

Inhalt

Prolog

Schwach sein ist auf den ersten Blick nicht gerade eine Traumvorstellung. Eine Schwäche ist eine Beschränkung. Zum Beispiel körperliche Behinderungen, chronische Erkrankungen, schmerzliche Erinnerungen, persönliche Eigenheiten, erblich bedingte Veranlagungen, Begrenzung der Begabung. Nicht alle Menschen sind superschlau oder hochintelligent. Schwächen gestehen wir uns nur ungern zu. Vor allem, wenn es um die eigene Unzulänglichkeit geht.

Aber gibt es nicht auch eine positive Schwäche? Jemand hat eine Schwäche für Salami, für die Farbe Blau oder für einen besonderen Menschen. Für jemanden eine Schwäche haben hat meist mit Liebe und Zuneigung zu tun. Haben nicht alle Großeltern eine Schwäche für ihre Enkel? Sie möchten ihnen jeden Wunsch von den Augen ablesen.

Auch Gott hat eine total unvernünftige Schwäche für die Menschen. Weil er selbst für uns schwach wurde. Schwach bis zum Tod am Kreuz. Der Unschuldige, der auf innigste Weise mit seinem Vater im Himmel verbunden ist, zeigt eine Schwäche für die Schuldigen. Der Reine will mit den Unreinen verkehren. Der Starke will bei den Schwachen sein. Deshalb drängt es Jesus zu den Menschen. Wir sind seine Schwäche.

Gott scheint vergesslich zu sein. Oder zeigt sich seine Vergesslichkeit eher in der Bereitschaft zu vergeben? Wie eine neu formatierte Festplatte im Computer. Wie das Begleichen einer für mich unbezahlbaren Rechnung. Wie ein weitgeöffnetes Tor zu einem Neuanfang. „Ihrer Sünden werde ich nie mehr gedenken!", sagt Gott im Hebräerbrief, Kapitel 8, Vers 12. Wenn er also bewusst nicht mehr an meine bösen Taten denkt, dann hält er sie mir auch nie mehr vor.

Gott liebt die Verschwendung. War es nicht reine Verschwendung, als Maria von Bethanien ein halbes Pfund extrem teuren Öls Jesus über die Füße gegossen hatte? Gott scheint die Verschwendung zu fördern und zu belohnen. Nämlich im Verwenden des teureren Öls zu einem speziellen Anlass. Vergeudung wäre das achtlose Wegschütten des Öls gewesen. Gott ist nun einmal verschwenderisch. Wir brauchen uns nur in seiner Schöpfung umzusehen. Da herrscht Verschwendung pur. Gras hat verschiedene Nuancen an Grün. Das Gefieder der Vögel ist kunterbunt. Jeder Mensch hat ein anderes Gesicht. Wenn Gott keine Verschwendung wollte, warum hat er dann nicht alles gleichfarbig und gleichförmig gestaltet?

Als der heruntergekommene Gott verließ Jesus vor 2000 Jahren seinen „Wohlfühlkreis", seinen „Himmel". Es war ihm nicht egal, dass das „Projekt Menschheit" zu scheitern drohte. Der Hass hatte zugenommen. Mord und Totschlag waren an der Tagesordnung. Vereinsamung und Sünde hatten einen weiteren Höhepunkt erreicht. Hilfe konnte jetzt nur noch von außen kommen. Und sie kam. Genau zum richtigen Zeitpunkt. Der Höchste erschien nicht auf einem roten Teppich. Er wurde nicht mit einer Militärkapelle empfangen. Als Gott in Jesus auf der Erde Mensch wurde, wurde ein Stall der Kreißsaal für das Baby aus dem Himmel. Der „heruntergekommene" Gott zeigte sich nicht in Pracht und Herrlichkeit, sondern als verletzliches Geschöpf am Rand der Welt. In Windeln gewickelt. Und am Ende seiner irdischen Laufbahn als ein ohnmächtig Leidender am Kreuz. Wer kann der

Botschaft von einem solch heruntergekommenen Gott Glauben schenken? Wer will in ihm einen Erlöser sehen, der uns in seiner Schwachheit zu Hilfe eilt? Jesus hat sich dabei selbst in Gefahr gebracht. Er ist kein verkleideter Supermann. Unsere Rettung ist kein abgekartetes Spiel. Jesus hat sein eigenes Leben eingesetzt, damit wir gerettet werden. Er stirbt am Kreuz, damit wir leben.

Gott kann offensichtlich nicht rechnen. „Leistung muss sich lohnen", sagen die Wirtschaftsbosse. Wer mehr arbeitet, soll auch mehr bekommen. Als Jesus das Gleichnis von den Winzern im Weinberg erzählte, musste er sich ja gewaltig verrechnet haben. Sollten nicht jene, die am Morgen schon angefangen hatten, den vereinbarten Denar erhalten und die anderen entsprechend weniger? Nur noch 68 Prozent davon oder 45 Prozent oder nur 30 Prozent vielleicht? Am Ende bekommt jeder den gleichen Lohn. Obwohl manche eindeutig weniger gearbeitet haben. Ist das nicht ungerecht? Warum sollen wir da überhaupt noch etwas tun, wenn am Schluss doch nicht mehr herausspringt? Heißt das: Leistung lohnt sich nicht mehr? Im Reich Gottes scheint nicht das Leistungsprinzip zu zählen. Ein

Prinzip, das immer mehr Menschen unter Druck setzt. Für ihn zählt die Bereitschaft, sich anwerben und senden zu lassen. In seinen Weinberg. In das Leben.

Gott lässt sogar mit sich handeln. Denken wir nur an das Gleichnis vom ungerechten Verwalter. Gott ist am Ende sogar bereit, dem Schuldner die ganze Summe zu erlassen. Sollten wir vielleicht jetzt auch anfangen, mit ihm zu handeln? Zum Beispiel mit dem Versuch, die Zahl der Gebote herunterzuhandeln? Es müssen ja nicht unbedingt zehn sein. Reichen nicht auch sieben? Schließlich ist schon im Alten Testament Abraham das beste Vorbild des Handelns, als es für die vom Untergang bestimmten Städte Sodom und Gomorra geht. Abraham beginnt zu feilschen, handelt von 45 Gerechten auf 40, 20 und schließlich auf 10 unschuldige Menschen herunter, um die Zwillingsstadt zu verschonen. Gott lässt sich tatsächlich auf den Deal ein.

Gott ist parteiisch. Seine Option gilt nicht in erster Linie den Frommen und Gesetzestreuen, sondern den diskriminierten, unterprivilegierten und behinderten Menschen. Er kümmert sich um die Armen, die Hilflosen, die Kranken, die Sünder. Er kämpft zugunsten der Schwachen und Armen, macht aber gleichzeitig deutlich, dass er nicht gekommen ist, um mit einem Schlag die „heile Welt" zu schaffen.

In Jesus überschreitet Gott Grenzen, die sonst nie ein Jude übertritt. Zum Beispiel hilft er dem römischen Offizier in Kafarnaum. Als Besatzungssoldat trennt ihn so vieles von Jesus. Trotzdem bittet er ihn um Hilfe. Denn Gott ist nicht ein begrenzter Gott, der auf ein Land, ein Volk oder eine Region beschränkt ist. Grenzen der Rasse, der Nation und der Religion gelten nicht vor ihm. Weil er eine Schwäche für die ganze Menschheit hat.

Ich lade Sie ein, noch mehr in den folgenden Seiten diese Schwächen Gottes kennen und lieben zu lernen.

Karl-Heinz Fleckenstein

GOTT IST VERGESSLICH

Jesus, im Hebräerbrief 8,12 sagst du: „Ihrer Sünden
werde ich nie mehr gedenken!" Beim Propheten Jeremia
31,35 lese ich: „Ich verzeihe ihnen die Schuld, an ihre
Sünde denke ich nicht mehr." Bist du als Gottessohn
wirklich vergesslich?

Im Sinne meiner Barmherzigkeit ja. Ihr dürft
euch Gott nicht vorstellen als ein höchstes, unper-
sönliches Wesen mit einer schöpferischen, intel-
ligenten Energie. Wie ein Überwachungsapparat.
Allwissend, aber steril und kalt. Dann würdet ihr
nie den Mut aufbringen, nach eurem Versagen neu
anzufangen, umzukehren aus einem rein materi-
alistischen Leben, das euch so großartig erschien
und das nichts anderes war als eine Lebenslüge.
Wenn ihr aber demütig seid und in meine offenen
Arme voller Zuversicht lauft, dann vergesse ich vor
lauter Freude darüber all eure Sünden.

Das war wohl auch der Grund, als du am Kreuz dem
rechten Verbrecher den Himmel versprachst: „Wahrlich,

ich sage dir: Heute wirst du mit mir im Paradies sein."
Und warum dem linken Übeltäter nicht?

Meine Ohnmacht am Kreuz erregt bis heute bei vielen Menschen Anstoß. Der Verbrecher zu meiner Linken gehörte zu jenen jüdischen Freiheitskämpfern, die sich im Namen Gottes bewaffneten und die verhasste römische Besatzungsmacht mit Gewalt aus dem Heiligen Land vertreiben wollten. Doch die Römer hatten ihn geschnappt und zum schändlichen Kreuzestod verurteilt. Da hängt er nun neben mir und stimmt in die Lästerworte der unter dem Kreuz gaffenden Menge mit ein: „Du sagst doch, dass du Christus, der von Gott gesandte Retter, bist. Dann tu doch etwas und rette dich und uns!" Er hatte genaue Vorstellungen darüber, wie ich mich als der von Gott gesandte Messias verhalten müsste. Er ist enttäuscht darüber, dass ich es nicht tue. Darum verhöhnt er mich mit bitterem Spott. Dieser Mann steht für all jene Menschen, die genau wissen, wie Gott sich zu verhalten habe: Er soll seiner Menschheit gefälligst aus der Patsche helfen. Er muss endlich das Hungerelend in weiten Teilen der Erde beenden. Der weltweiten Ungerechtigkeit und dem Rassismus hat er endlich Einhalt zu gebieten. In seiner Allmacht könnte er doch alle Umweltprobleme bewältigen und am besten Atomwaffen, Atommüll und Atomkraftwerke von der Erde verschwinden lassen. Im Grunde geht es den Menschen, die solches wünschen, um eine Weltverbesserung nach ihrem Geschmack. Die Religion, ja, Gott selber möchten sie dabei als Mittel für ihren Zweck einsetzen. Sie wünschen eine Veränderung der Welt, ohne aber sich selber von Grund auf ändern zu wollen. Sie möchten gerne mich und meine Kirche vor ihren Karren spannen. Dabei müssen sie erkennen: Es geschieht nichts von dem, was ihrem Wunschdenken entspricht. Sie resignieren, wenden sich von mir ab und kämpfen trotzig für ihre Ziele weiter. Aus eigener Kraft.

Und wie reagierst du auf solches Ansinnen?

Ich schweige. Der Verbrecher zu meiner Linken erhält kein Wort von mir. Anders verhält es sich mit dem Mann zu meiner Rechten. Er macht mich nicht zum Vollstreckungsgehilfen seiner Wünsche und Vorstellungen. Vielmehr unterstellt er sich mir in Demut. Er hatte auch römische Soldaten getötet. In bewusster Absicht für die Sache Gottes.

Jetzt geht er in sich. Er erkennt: Ich habe unrecht gehandelt. Ich empfange, was meine Taten wert sind. Zu Recht muss ich hier am Kreuz sterben.

Heißt das, er erfährt die Barmherzigkeit Gottes? Nicht mit Worten, sondern durch das stille Leiden mit dir, seinem Mitgekreuzigten?

Ja. Er nimmt an meinem Verhalten wahr, dass ich nicht durch eigene Schuld dem Kreuzestod preisgegeben bin. Er erkennt in meinem ohnmächtigen Hängen am Kreuz den Messias, den Retter, durch den mein Vater euch Menschen ganz nahe gekommen ist. Gottes Macht und meine Ohnmacht spielt der Verbrecher zu meiner Rechten nicht gegeneinander aus. Auch wenn er den Zusammenhang nicht begreift. Aber er spürt: Der Allmächtige selber ist mir in diesem Mitgekreuzigten nahe. Und so bittet er mich: „Jesus, gedenke an mich, wenn du in dein Reich kommst!" Er nimmt nicht Anstoß an meiner Ohnmacht. Er traut mir gegen allen Augenschein zu, dass ich der Christus bin, der ihn und alle Menschen in Gottes Reich retten will.

Weil er seine Verfehlungen zugeben kann, weil er der
Gnade Gottes vertraut, wendet er sich vertrauensvoll
an dich und bittet um deine gnädige Zuwendung.

Ja. Er erkennt: Ich bleibe meinem Gott vieles schuldig. Ebenso auch meinen Nächsten. Darum sucht er Zuflucht bei mir, bei dem mit ihm Gekreuzigten. Er glaubt an meine Barmherzigkeit. Deshalb kann ich, der nach außen hin Ohnmächtige, an ihm in der Vollmacht meines Vaters handeln. Ich spreche zu ihm als der Herr über Leben und Tod: „Wahrlich, ich sage dir: Heute wirst du mit mir im Paradies sein." Damit sage ich ihm: Du hast hier am Kreuz zum Glauben an mich gefunden. Du hast erkannt, wer ich bin – und wer du bist. Du hast Reue gezeigt und vertraust darauf, dass ich dich retten kann. Dir geschehe, wie du glaubst. Der Tod soll die Verbindung zwischen dir und mir nicht zunichte machen. Noch heute, nach deinem Tod, wirst du mit mir in der unvergänglichen Welt Gottes vereint sein.

Diese demütige Erkenntnis der eigenen Schwachheit
und das Vertrauen auf deine Gnade können sicherlich
auch heute uns Menschen verändern.

Ihr werdet dadurch keine Weltverbesserer. Denn mein Vater will die Welt nicht verbessern, sondern erneuern. Das bedeutet nicht, dass ihr euch um Menschheitsfragen wie Umwelt, Atomkraft, Gentechnologie und die zunehmende Technisierung eures Lebens überhaupt keine Gedanken zu machen braucht. Ihr sollt ja schließlich in Verantwortung vor Gott leben. Dabei haltet euch immer eine Frage vor Augen: Wollt ihr wie der Gekreuzigte zu meiner Linken eine weltverbessernde Leistungsreligion oder wollt ihr wie der Gekreuzigte zu meiner Rechten die Rettung der Welt bei mir suchen?

Meinst du damit, dass wir dich nicht vorrangig in einer kirchlich-religiösen Hochkultur zu suchen haben mit viel Weihrauch und liturgischen Prunkgewändern und vergoldeten Kruzifixen?

Vergesst eines nicht: Auf dem Hinrichtungshügel Golgota hing ich nicht zwischen zwei feierlichen Altarkerzen, sondern zwischen zwei brutalen Anarchisten. Ihr findet mich auch heute dort, wo der Mensch mit seiner Kunst am Ende ist. Am schlimmsten Platz. Dort, wo es zu Ende geht. Genau dort könnt ihr mir begegnen oder auch mich verpassen.

Bedeutet das: Wer nur das Äußere sieht, versäumt das Eigentliche?

So ist es. Den Soldaten und diesem sterbenden Mann zu meiner Linken am Kreuz ging es nur um kurzfristige äußere Hilfe. Darin müsste sich Gott beweisen. Sollte es klappen, dann würden sie vielleicht sogar an ihn glauben. Wie viele von euch haben auch heute genau nur dieses Anliegen im Auge. Schön fromm verpackt und in Gebeten ausgesprochen: Gott, wenn es dich gibt, dann hilf mir doch, dass ich dieses Problem oder diese Krankheit los werde. Damit ich mein altes Leben noch eine gute Weile weiterführen kann. Selbst wenn ich so ein Gebet erhöre, nutzt das am Ende nichts. Dafür starb ich nicht. Wer von mir nur äußere Hilfen erwartet, um sein altes Leben unverändert weiterzu- leben, der degradiert mich zu seinem persönlichen Butler. Das ist, wie wenn ein Patient mit einem noch heilbaren Krebs seinen Onkologen bittet, er möge ihm auf seiner Glatze eine Perücke anfer- tigen lassen, statt mit ihm einen Termin für die rettende Operation zu vereinbaren. Mit einem so äußerlichen und oberflächlichen Ansinnen würde er den Arzt geradezu beleidigen. Auch mir geht es nicht für euch nur um ein paar angenehme Jahre. Es geht mir immer um euer ewiges Gerettet- oder Verlorensein. Deswegen kam ich und starb für euch.

Ich bin schon ein wenig überrascht, dass der erste Mensch, der durch deinen Kreuzestod gerettet wird, ein Verbrecher ist, ein Mörder. Heute würden wir sagen: ein Terrorist. Gleichzeitig verblüfft es mich, dass die Rettung so schnell erfolgt. Nicht erst irgendwann am Sankt Nimmerleinstag. Ist das Ganze so billig?

Nein! Erstens hat es mir alles gekostet. Zweitens hat sich dieser Mann von allen anderen abgesetzt. Von seinem Komplizen, mit dem er mitgehangen wurde. Von allen, die um das Kreuz standen als gaffende Zuschauer. Drittens sollt ihr einem fatalen Missverständnis nicht verfallen. Denn so mancher von euch denkt: Schließlich bin ich kein Verbrecher. Da habe ich schon einmal bessere Voraussetzungen beim lieben Gott. Nein, die habt ihr nicht. Sicher gibt es anständige und unanständige Sünder. Nur dass die unanständigen oft eher erkennen, dass sie Rettung brauchen als die anständigen. Dieser Mann neben mir am Kreuz hat sich sofort bei seiner ersten Gelegenheit bekehrt! Seine letzten Minuten waren die ersten, in denen er mir begegnet war. Und die hat er genutzt.

Das ist schon bewegend, wie dieser Anarchist im letzten Augenblick noch gerettet werden kann, weil er sich voller Vertrauen an dich wendet.

Das gilt auch für einen jeden von euch. Deshalb frage ich euch: Lasst ihr mich als den Gekreuzigten auf einem schönen Gemälde in eurer Kirche oder seht ihr euch selber als Sünder, in deren Verlorenheit ich hineinkam, um euch zu retten? Ich wurde für dich und für euch alle gekreuzigt, damit es in eurem Leben hell wird. Nehmt euch ein Beispiel an dem Mann am Kreuz neben mir. Er hat keine Ansprüche. Er hat nichts verdient. Er hängt mit leeren Händen neben mir. Er gibt sich nur vertrauensvoll in meine Hände. Durch mich allein darf er selbst jetzt – sterbend am Kreuz – hoffen: „Gedenke meiner, wenn Du in Dein Reich kommst."

Wir hätten an deiner Stelle möglicherweise zu ihm gesagt: „Deine Erkenntnis, deine Umkehr kommt zu spät." Du aber sagst das Unvorstellbare: „Noch heute wirst du mit mir im Paradies sein." Nichts gearbeitet und doch im Paradies. Nur vertraut. Nur mit leeren Händen zu dir geschrien: „Herr, gedenke meiner."

So viel wirkt mein Kreuz. Solche Macht wird auf Golgota offenbar. Die Macht der Liebe Gottes. Durch mich, den Gekreuzigten, schenkt mein Vater Leben. Ewiges Leben. Und das selbst mitten im Sterben. Die Pharisäer, die Soldaten und der andere Verbrecher sahen das nicht. Für sie war ich als der Gekreuzigte ein Narr. Weil ich meine Macht nicht im Tun erwies. Aber dieser, der selbst ganz am Ende war mit seinen Möglichkeiten, sah in mir das Angesicht der Liebe Gottes.

DER MÖNCH UND DER MÖRDER

Bruder Vianney-Marie Graham aus dem kontemplativen Clear Creek Kloster in Hulbert, Oklahoma, hatte sich zur Aufgabe gemacht, in besonderer Weise für Schwerverbrecher in der Todeszelle zu beten. Weil er in ihnen die am meisten verlassenen und aufgegebenen Menschen sah.

Im Jahr 2001 bat Bruder Vianney-Marie seinen Abt um die Erlaubnis, einigen Häftlingen schreiben zu dürfen. Er wollte ihnen einfach sagen, sie sollten nicht verzweifeln, da auch für sie die Barmherzigkeit Gottes gelte, unabhängig von ihren Verbrechen.

Bei seiner Entscheidung, wem er schreiben wollte, suchte sich Bruder Vianney-Marie einen der schlimmsten Fälle aus: James Malicoat, ein Mann, der brutal über zwei Wochen lang seine 13 Monate alte Tochter zu Tode geprügelt hatte.

Erst sechs Wochen später reagierte Malicoat auf den Brief. Der Klosterbruder hatte treu weiter geschrieben. Einmal im Monat. Für ihn waren es wie in die Dunkelheit abgeschossene Pfeile. Er hatte keine Ahnung, wo oder wie die Pfeile ankommen würden.

Nach zwei Jahren bat Bruder Vianney-Marie um die Erlaubnis, einmal im Jahr in den Todestrakt gehen zu dürfen, um den Gefangenen zu besuchen. Durch diese Kontakte sollte dieser sehen, dass der Briefschreiber kein Phantom, sondern eine reale Person war.

Bruder Vianney-Marie wird seinen ersten Besuch am 17. September 2003 in der Todeszelle des Super-Hochsicherheitstrakts McAlester nie vergessen: „Die Atmosphäre dort war schrecklich. Sie machte mich fast körperlich krank. Als ich dann James Malicoat in die Augen blickte, dachte ich mir: ‚Dieser Mann braucht mehr als jeder andere einen Freund. Jeder muss ja vor ihm zurückschrecken. Weil seine Untat so grauenhaft war.'"

Malicoat zögerte zunächst, über sein Vergehen zu sprechen. Trotzdem nutzte Vianney-Marie die kostbare Zeit für seine seltenen Besuche, dem Insassen zu helfen, aus dem Schneckenhaus seines eigenen Ich's herauszukommen. In seinen Briefen beschwor er ihn, er möge doch innerlich zur Ruhe kommen. Der „böse Feind", dem er an die Hand gegangen war, würde alles versuchen, ihn in die Verzweiflung zu treiben. „Vertrauen Sie auf Gott. Bitten Sie ihn in seiner Barmherzigkeit ernsthaft um Verzeihung", betonte der Benediktiner immer wieder.

Trotz der Tatsache, dass ein Mönch sich für Malicoat interessierte und obwohl dieser nichts Religiöses am Hut hatte, behandelte er ihn mit Respekt. Bruder Vianney-Marie gewann allmählich den Eindruck, dass sein Schützling langsam eine Sensibilität für Gott entwickelte, während er mit ihm am Telefon hinter einer dicken Glasscheibe sprach.

„Ich war immer erstaunt, wie höflich er reagierte. Es gab keine Schimpfworte oder Flüche. Das war wirklich großartig. Ich denke, er realisierte mit der Zeit: Da steht ein Mensch auf meiner Seite. Der ist tatsächlich ein Freund, der mich von meinen unsichtbaren Ketten befreien will."

Langsam begann der Gefangene aufzutauen. Stockend erzählte er dem Mönch, er begreife eigentlich nicht, warum er seine Tochter Tessa getötet habe. Er war selbst als Kind oft geschlagen worden. Er wisse nicht genau, wer sein Vater war. Obwohl Malicoat geheiratet hatte, lebte er mit einer anderen Frau zusammen. Der Mutter seines Kindes. Tessa starb an ihren Verletzungen am 21. Februar 1997. Die Mutter erhielt eine lebenslange Haftstrafe dafür, dass sie mit dieser Folter einverstanden war.

Inzwischen saß Malicoat schon fünf Jahre in der Todeszelle. Aber er hatte bis dahin noch mit keinem Menschen über sein Verbrechen gesprochen. Bruder Vianney-Marie konnte sehen, dass dies jetzt eine große Erleichterung für ihn bedeutete. Bei einem seiner Besuche stellte er ihm eine Frage, die dem Mönch schon lange durch den Kopf gegangen war: „Willst du mit Tessa sprechen?"

„Der Schock, der über Malicoats Gesicht ging, war die erste emotionale Reaktion, die ich bei ihm feststellte. An so etwas hatte er wohl nie gedacht. Und doch begann er, stammelnd zu seinem toten Kind zu sprechen: ‚Tessa, kannst du mir verzeihen?' Ich saß geduldig auf der anderen Seite des Panzerglases und hörte Malicoat zu. Dann vertraute er mir die Sorgen seiner Mutter an, die in all den Jahren voller Schmerz den Tag seiner Hinrichtung kommen sah."

Zwischen seinen Besuchen schrieb der Mönch treu weiterhin seine Briefe. „Es waren mühevolle drei Jahre im Aufbau von Gottvertrauen und Zurückhaltung, ohne Malicoat etwas aufdrängen zu wollen. Oft reagierte der Häftling unruhig und deprimiert. Ich spürte ein Gewicht auf meinen Schultern und musste es akzeptieren. Obwohl sich zwischen uns so etwas wie eine Freundschaft anbahnte."

In einem Schreiben vom 26. Juni 2006 informierte Malicoat Bruder Vianney-Marie, dass seine Hinrichtung für den 22. August um 06:00 Uhr angesetzt worden sei. „Ich habe nichts dagegen, dass sie mich töten", gestand er dem Mönch. „Ich habe Dinge getan, auf die ich nicht stolz sein kann. Ich muss so damit vor Gott treten."

„Diese Stunde wird dir den Weg zur Barmherzigkeit Gottes ebnen. Wirf dich voller Vertrauen in seine Arme!", schrieb Bruder Vianney-Marie zurück. Dann berichtete er Malicoat von der heiligen Maria Goretti, die als Kind ermordet worden war und ihrem Mörder vergeben hatte, bevor sie starb. Dieser hatte bereut und war im Frieden mit sich, mit seiner Umwelt und mit Gott in die Ewigkeit eingegangen.

Der Mönch glaubte an die Macht des Gebets. Dabei wurde er von seinen Mitbrüdern und einer Gebetsgemeinschaft von Freunden unterstützt, die sich um das Clear Creek Kloster gebildet hatte.

Am 20. Juli informierte Malicoats Anwalt Vianney-Marie, dass kein Familienmitglied bei der Hinrichtung anwesend sein dürfe. Der Delinquent hätte zugestimmt, einen Priester in seiner Nähe zu haben. Bruder Vianney-Marie hatte ihn dazu ermutigt.

Pater Kirk Larkin ist Vikar in der Pfarrei Ponca City, Oklahoma. Vor seiner Priesterweihe war er schon einmal als Volontär in der Gefängnisseelsorge tätig gewesen. Malicoats Anwalt bat ihn um Unterstützung bei der Durchführung der Exekution. „Zuerst sagte ich Nein", bemerkte Larkin. „Meine bisherige Arbeit hatte mich für so etwas nicht vorbereitet. Dann dachte ich: Vielleicht will doch Gott, dass ich es tue."

Die Hinrichtung wurde bis zum 31. August hinausgezögert. In den Tagen davor hatte Bruder Vianney-Marie Alpträume. Nun war es soweit.

Gegen 10:00 Uhr erreichten der Priester und der Mönch das Zuchthaus. Jetzt erhielten sie die Nachricht, es sei ungewiss, ob Malicoat überhaupt die beiden Männer sehen wolle.

„Er ist wie versteinert", kommentierte sein Anwalt. „Sie haben keine Ahnung, unter welcher Spannung diese Jungs in ihrer letzten Stunde stehen."

Überraschenderweise wurde um 10:45 Uhr dem Mönch und dem Priester mitgeteilt, sie könnten jetzt Malicoat sehen. Tagelang hatte sich Pater Larkin vorgestellt, wie ein Mörder aussehen könnte. Nun war er erleichtert, „einen Menschen" auf der anderen Seite des Glases zu sehen. Bruder Vianney-Marie erkannte in ihm einen gebrochenen Mann. Etwa eine Stunde wurde ihnen für diesen letzten Besuch eingeräumt. Der Mönch verschwendete keine Zeit. Er stellte Malicoat Pater Larkin vor. Dabei bat er ihn als Freund, einen Akt des Glaubens zu machen und zu beichten. Dann übergab er Larkin das Telefon. Malicoat erklärte dem Priester, er wolle nicht beichten. „Pater, ich möchte Sie nicht belasten mit den schrecklichen Dingen, die ich im Laufe meines Lebens getan habe." Larkin ließ sich aber nicht beirren und blickte den Todeskandidaten voller Liebe an. Dann ging er mit ihm das Credo Punkt für Punkt durch und fragte ihn, ob er zu jedem Artikel des Glaubensbekenntnisses Ja sagen könne.

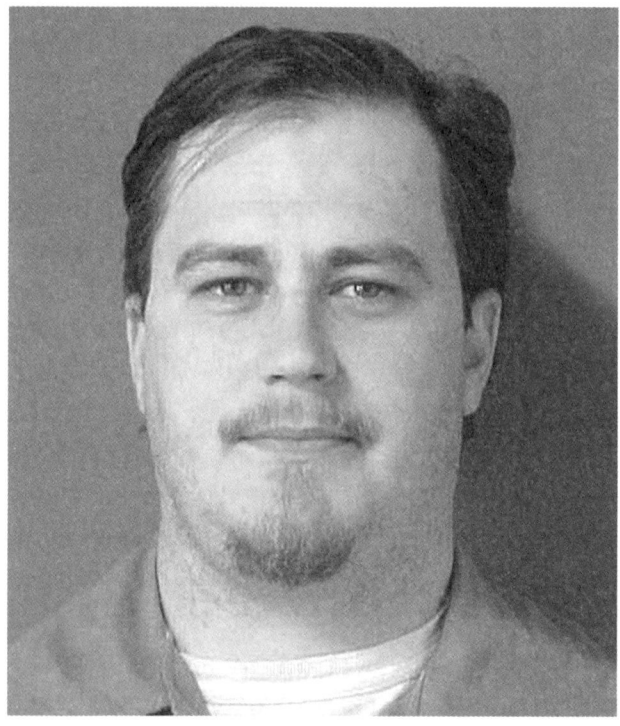

Zwei Tage vor seiner Hinrichtung hatte Malicoat an Bruder-Marie Vianney geschrieben: „Sie werden sehen, das Gebet ist nie umsonst."

Bruder Vianney-Marie verzichtete in diesen Momenten auf seine aktive Teilnahme an dem Gespräch. Er stand auf, ging im hinteren Teil des Raumes auf und ab und betete dabei den Rosenkranz. „Ich fühlte ein schreckliches Gewicht auf meinen Schultern. Aber gleichzeitig habe ich noch nie so viel Gebetsunterstützung gespürt wie an diesem Tag."

Dann sah Bruder Vianney-Marie, wie Pater Larkin die Hand segnend über James Malicoat erhob. Da wusste der Mönch: Kurz vor seiner Hinrichtung hat ein Schwerverbrecher von seinem Schöpfer die Vergebung seiner Sünden erhalten.

„Ich hätte vor Freude an die Decke springen können."

Ein paar Minuten später winkte Pater Larkin Vianney-Marie herbei. Das Fenster zur ewigen Freude stand jetzt offen. „Bist du bereit zu gehen?", fragte der Bruder James Malicoat. „Ja", war die klare Antwort. Dabei strahlte der Todeskandidat eine friedliche Ruhe aus. Er war sich voll bewusst, was er getan hatte und war Manns genug, die Folgen zu akzeptieren.

Der Priester und der Mönch waren anschließend Zeugen der Hinrichtung mit der Giftspritze. „Ein vulgärer Akt", sagte Bruder Vianney-Marie. „Doch James zeigte sich gelassen und mutig."

In seinen letzten Worten bat Malicoat um Vergebung: „Ich möchte nur jeden wissen lassen, wie Leid es mir tut, dass diese Dinge geschehen sind. Es tut mir Leid, dass ich den Tod eines anderen menschlichen Wesens verursacht habe. Es gibt nichts, was ich tun kann, um das zu ändern. Im Gegensatz zu dem, was manche Leute glauben, habe ich viele Jahre damit zugebracht, darüber nachzudenken. Es hat mich niemals verlassen."

In diesem Moment betete Bruder Vianney-Marie: „Jesus, Maria, Joseph, nehmt diese Seele in den Himmel auf." Ein paar Tage nach der Hinrichtung erhielt er einen Brief von Malicoat, datiert vom 29. August, zwei Tage vor seiner Hinrichtung. Darin stand: „Sie werden sehen, das Gebet ist nie umsonst."

Gott kann nicht rechnen

In dem Gleichnis von den Winzern im Weinberg ver-
einbart der Gutsbesitzer mit den Männern, die er am
frühen Morgen zum Arbeiten in seinen Weinberg
schickt, einen Denar als den herkömmlichen Tageslohn.
Nach ein paar Stunden kommt der Eigentümer des
Weinbergs noch einmal auf den Marktplatz. Erstaunte
Gesichter. „Was will denn der schon wieder?" Noch
einmal bietet er Arbeit bei seinen Reben an. Wieder
ziehen einige mit ihm ab. Gegen Mittag taucht der
merkwürdige Mann schon wieder auf. Um drei Uhr
ein viertes Mal. Dieser Mensch will wohl so schnell
wie möglich seine Ernte einbringen. Fast aufdringlich
wirkt sein Verhalten. Ähnlich wie bei einem Hausierer.
Es ist fünf Uhr. Kurz vor Feierabend. Die Leute auf
dem Marktplatz trauen ihren Augen nicht. Da ist
er schon wieder da und fragt sie: „Wollt ihr nicht bei
mir arbeiten? Was steht ihr den ganzen Tag untätig
herum?" Ein paar versuchen es mit einer Ausrede:
„Es hat uns niemand angestellt!" Doch dann gehen sie
mit. Am Abend nimmt der Gutsverwalter im Auftrag
des Weinbergbesitzers die Entlohnung vor. Und jetzt

kommt die Überraschung: Einen Denar – also einen
ganzen Tageslohn – bekommen die ausbezahlt, die
nur eine Stunde gearbeitet haben. Die anderen freuen
sich insgeheim und machen sich berechtigte Hoffnung,
entsprechend mehr zu erhalten. Aber dann kommt die
Ernüchterung: Auch sie kriegen nur einen Denar. Nur
zu gut kann ich nachvollziehen, dass sie total empört
sind und sich ungerecht behandelt fühlen; denn sie
haben schließlich ungleich länger gearbeitet „und die
Hitze ertragen". Jesus, in deinem Gleichnis hast du
offensichtlich bewiesen, dass Gott nicht rechnen kann.

Mein Vater rechnet anders als ihr Menschen.
Eure Versuche, soziale Gerechtigkeit zu schaffen,
sind am Ideal der Gleichheit orientiert. Dieses führt
aber allzu oft zu Ungleichheiten. Die Gerechtigkeit
Gottes ist jedoch an der Barmherzigkeit orientiert.
Und diese führt schließlich zur Liebe. Nur daraus
resultiert Gleichheit. Mein Vater geht jedem nach.
Er wendet sich auch an die, deren Leben verpfuscht
ist. Die irgendwie bei anderen abgeschrieben sind.
Bei denen anscheinend Hopfen und Malz verloren
sind. Das sind die Leute, die der Weinbergbesitzer
noch um fünf Uhr aufgabelt. Die sonst keiner
mehr haben will. Von denen die Leute sagen: Der

taugt zu nichts! Mit dem kann man nichts anfangen! Abgeschrieben! Aber nicht bei meinem
Vater. Bei ihm gibt es keine hoffnungslosen Fälle.
Er beurteilt euch nicht nach eurer Vergangenheit,
sondern ob ihr jetzt, in diesem Augenblick, ihm
vertraut. Nach eurer leistungsorientierten Rechnung wären verschiedene Menschengruppen unter
den Tisch gefallen: jene, die Unrecht getan hatten,
die Kranken, die nichts einzubringen hatten, die
Außenstehenden, weil sie zu wenig Gutes oder
Frommes getan hatten.

*Aber ist Gerechtigkeit nicht ein hohes Gut, das es zu
beachten gilt?*

Gerechtigkeit kann aber auch sehr unmensch-
lich werden, wenn sie dem Menschen nicht gerecht
wird. Der nur gerechte Gott ist nicht der Gott, den
ich Vater nenne. Dieser lässt auch den nicht am
Rand stehen, weil er erst in der letzten Stunde
mitgeht. Mein Vater schenkt sich jedem, der seinem Werben folgt. Und er schenkt ihm alles. Ich
möchte euch euren neidischen Blick nehmen, der
auf Belohnung und Bestrafung schielt. Ich möchte,
dass ihr mit meinem Vater lebt, ohne den üblichen

Leistungsdruck. Nur dankbar und froh. In dem Bewusstsein, dass er zu euch steht. Auch da, wo ihr hinterherhinkt. Auch da, wo ihr nichts leisten könnt oder euer Glaube klein und schwach wird. Ihr dürft Arbeiter in seinem Weinberg sein, nicht um möglichst viele Gnadengaben zu verdienen, sondern weil mein Vater sich euch in mir geschenkt hat. Sein Lohn ist seine Liebe zu euch. Und diese Gemeinschaft mit ihm schenkt sich unteilbar. Weil er euch einfach gern hat.

Bedeutet das, wir sollen uns freuen, dass es den Fernen, den Leistungsschwachen, den Letzten, zu denen wir im Grunde ja auch gehören, am Ende gut geht?

Natürlich. Schließlich habt ihr keinen Arbeitsvertrag mit Gott. Mit dem Recht auf angemessene Entlohnung für eure Leistung funktioniert die Beziehung zu meinem Vater nicht. Er möchte mit euch kein Geschäftsverhältnis, sondern eine Liebesbeziehung. Und er hat euch zuerst geliebt. Noch bevor ihr diese Liebe in irgendeiner Weise hättet verdienen können.

Dann sollen wir also mit Liebe ans Werk gehen?

Lasst euch diese Chance nicht entgehen. Das kann schon mit einem Lächeln dem Nächsten gegenüber beginnen. Mein Vater wird seinen Segen dazu schenken. Auf seine ganz besondere Art und Weise.

So sind also Gottes Maßstäbe anders als unsere, die wir kalkulieren und aufrechnen.

Das Gleichnis von den Arbeitern im Weinberg könnt ihr nur dann richtig verstehen, wenn ihr die weltliche, gesellschaftliche Denkweise aufgebt. Wenn ihr eine gelassene Haltung dem weltlichen Lohn gegenüber entwickelt. Es gibt keinen großen oder kleinen Lohn bei meinem Vater. Keinen Himmel erster und zweiter Klasse. Das gilt als Warnung für die, die gerne vorrechnen, wie viele Punkte sie schon gesammelt haben. Das gilt aber auch als Ermutigung für die, die bisher den Weg in den Weinberg nicht gegangen sind. „Kommt her", so spricht er zu euch. „Egal, was ihr bisher gemacht habt. Egal, wie alt ihr seid. Egal, wie leistungsfähig, wie fleißig ihr seid. Kommt und arbeitet mit! Jetzt." Mit diesem Gleichnis will ich euch die unvorstellbare und unberechenbare Güte Gottes vor Augen führen. Diese maßlose Liebe meines Vaters errechnet sich keinesfalls aus eurer Leistung. Ihr seid immer diejenigen, die von meinem Vater beschenkt werden. Deshalb kann Paulus an die Korinther schreiben: „Was hast du, das du nicht empfangen hättest?" (1 Kor 4,7). Darum ist Gottes Güte, seine Liebe, seine Vergebung nicht zu vergleichen mit den Tabellen von Lohntarifen. Die maßlose Liebe meines Vaters ist das Maß für seinen Lohn. Er rechnet nicht, wie ihr Menschen es tut. Er rechnet göttlich. Und deshalb werden oft „die Letzten die Ersten sein". Mein Vater verhält sich wie dieser Weinbergbesitzer. Er geht euch Menschen nach, ruft euch zu sich. Er läuft euch nach wie ein verliebter junger Mann einem Mädchen.

Warum macht er das nur? Ist er auf uns angewiesen? Braucht er uns wohl? Ist er offenbar fix und fertig, wenn keiner sich um ihn kümmert?

Jawohl! Er läuft euch nach. Aber nicht darum, weil er euch braucht. Sondern weil er weiß, dass ihr ihn braucht. Weil er weiß, wie einsam und verloren ihr ohne ihn seid. Er liebt euch ausnahmslos. Er

will nicht, dass auch nur einer von euch ein sinn-
loses Leben ohne ihn führt. Deshalb ruft er euch
in seinen Weinberg. Selbst noch in der letzten
Stunde eures Lebens.

*Das macht mich schon sehr betroffen, wenn ich daran
denke, dass Gott ganz anders urteilt als wir Menschen.
Wir sehen die Fehler und Schwächen des anderen. Wir
rechnen schneller als ein Computer seine Macken zusammen. Und schon steht unser Ergebnis fest: Der ist
spitze. Der geht schon. Der ist der Letzte. Aber Gott
rechnet so unsere Vergehen nicht auf.*

Dabei lebt ihr doch alle von dieser Güte meines
Vaters. Auch die ganz Braven unter euch. Selbst
die, die keiner Fliege etwas zu Leide tun können.
Auch in ihrem Herzen möchte sich das Böse breit
machen. Irgendwann kommt es zum Vorschein. So
wie bei den tüchtigen Arbeitern, die den ganzen Tag
im Weinberg geschuftet haben. Auf einmal fühlen
sie sich ungerecht behandelt. Auf einmal können
sie so böse auf den Weinbergbesitzer sein. Es ist der
Egoismus, der in jedem von euch steckt. Der sich
nur um sich selbst dreht. Der arrogant auf andere
herabschaut. Ihr alle lebt von der Barmherzigkeit

meines Vaters. Und nicht von seiner Gerechtigkeit. Keiner braucht der Letzte zu bleiben. Er möchte, dass ihr alle zu Ersten werdet. Zu seinen Lieblingen, die er mit seiner Liebe segnen will. Es liegt an euch, ob er dies auch tun kann.

Vom Alkoholiker zum
Troubadour Gottes

Mit 25 Jahren war Steph Macleod obdachlos und bettelte in Edinburgh um Geld, damit er seine Alkohol- und Drogensucht befriedigen konnte. Jeglichen Kontakt mit seinen Freunden und der eigenen Familie hatte er abgebrochen. Der Zugang in Obdachlosenheime war ihm inzwischen untersagt worden. Manchmal wachte er in einem Krankenhaus wegen Alkoholvergiftung auf. Dort sagten ihm die Ärzte den baldigen Tod voraus, wenn er sich weiterhin in einer solchen Weise dem Suff hingab.

Das war nicht immer so. Als Teenager hatte er Freude am christlichen Glauben. Leider trennten sich seine Eltern, als er 15 war. Damit begann eine schwierige Zeit für Steph.

„Wir verloren unser Haus. Ich verstand nicht, warum das Leben, das ich geliebt hatte, mir weggenommen wurde. Ich begann, Gott zu hassen. Aufgrund meiner Musikbegabung wurde mir an der Royal Scottish Academy of Music and Drama (RSAMD) ein Platz angeboten, klassische Gitarre und Klavier zu studieren. Ich fand Kontakt mit der Edinburgher Untergrund- und Tanzszene. Dort wurde ich gern als der ,New Kid' aufgenommen. Bei Club-Partys war ich mit meiner Gitarre oder am Klavier der King. Unweigerlich kam ich mit Drogendealern und Gangstern zusammen und probierte selbst die härteren Sachen wie Speed, Ecstasy und Kokain aus. Meist verließ ich erst in den frühen Morgenstunden die Szene und kam mit einer stinkenden Alkoholfahne in die Klasse. Nach und nach verlor ich eine Menge Freunde. Weil ich arrogant war, egoistisch und durch meinen hedonistischen Lebensstil mehr und mehr heruntergekommen. Alles, was ich wollte, war eine Party nach der anderen."

Nach drei Jahren kam das Unvermeidliche. Man legte Steph nahe, die Akademie zu verlassen. Mit Ach und Krach gelang es ihm, den Abschluss gerade noch zu schaffen. Er verließ die UK und reiste nach Thailand. Dort unterrichtete Steph für eine Weile Englisch. Nach sechs Monaten verlor er seinen Job.

„Ich fing wieder an, große Mengen an Alkohol zu konsumieren. Ich trank am Tag mindestens drei Flaschen Thai Whiskey, verlor an Gewicht und stand kurz vor dem Zusammenbruch."

Wieder nach Großbritannien zurückgekehrt versuchte Macleod mit Hilfe von Ärzten und Medikamenten, dem Alkohol zu entfliehen. Vergeblich.

„Ich war zu einer selbstzerstörerischen Person geworden. Wegen meiner labilen, psychischen Verfassung wollte mich keine Herberge in Edinburgh mehr aufnehmen, zumal ich in meinem Suff sehr aggressiv wurde. Ich geriet in Schwierigkeiten mit der Polizei. Mein unmögliches Verhalten endete mit einer Vorstrafe. Schließlich landete ich auf der Straße, schlief unter Brücken und Treppen. Weil ich mich ins Blackout gesoffen hatte, landete ich oft bewusstlos im Irgendwo. Mein Blutdruck war im Keller. Ich verspürte Schmerzen im ganzen Körper. Der Teufelskreis ging weiter. Ich bettelte, um Geld für den Fusel zu bekommen. Der zeitweilige Alkoholentzug war das Schrecklichste, was ich je durchgemacht hatte. Ich musste ihn täglich mit mehr Alkohol ertränken. Ich wusste: Bald würde ich sterben, wenn ich nicht aufhörte. Aber ich konnte nicht."

Durch Zufall stieß Steph auf ein Poster mit verschiedenen Adressen für Suchthilfen. Eine, die er noch nicht ausprobiert hatte, war das Bethany Christian Centre. Er rief dort an. Sie baten ihn zu einem Gespräch. Zwei Wochen hatte er jetzt auf jeden Fall eine Übernachtungsgelegenheit in dieser 17-Bett-Obdachlosen-Herberge für Menschen mit Suchtproblemen. Dann startete er dort einen 15-Wochen-Kurs mit einem 12-Schritte-Programm auf biblischer Basis.

„Heute muss ich sagen: Bethany hat mein Leben verändert! Sie halfen mir, die tieferen Gründe für meine Trunksucht zu erkennen, verbunden mit der Trennung meiner Eltern. Ich lernte neue Bewältigungsmechanismen für meine Depression. Durch ihre Hilfestellung konnte ich erneut Brücken zu meiner Familie bauen. Ich wurde an einem College für Multimedia umgeschult und war nach acht Monaten bereit, ein neues Leben zu beginnen. Aber das Allerwichtigste während der Zeit im Bethany Centre war, dass ich zurückfand zu meinem Herrn. Er ist der Hauptgrund, warum ich heute noch lebe. Ich wusste: Gott wird mir vergeben. Aber ich konnte mir selbst nicht verzeihen. Ich war so beschämt, so wütend auf mich selbst."

Eines Abends ging Steph in ein Hotel in Perth. Dort sollte jemand Zeugnis über sein Leben geben. Es gab eine kostenlose Mahlzeit. Danach ging jemand ans Mikrofon. Ein Pastor.

„Er gab ein unglaubliches Zeugnis. Er war selbst im Gefängnis. Ich konnte meine Augen von diesem Mann nicht abwenden. Seine Geschichte und die Kraft von Gottes rettender Gnade faszinierten mich. Plötzlich spürte ich etwas, das ich seit einem Jahrzehnt nicht mehr empfunden hatte. Ich wusste, was es war: der Heilige Geist. Ich muss noch dazu sagen, dass ich immer ein bisschen skeptisch reagierte, wenn es um die übernatürliche Seite des Christentums ging. So ähnlich wie der ungläubige Thomas. Doch an diesem Abend fühlte ich ganz stark die Gegenwart Gottes. Das war nicht meine Phantasie, sondern sehr real. Es kam sozusagen über mich. Es bewegte mich in einer Weise, wie ich es bisher noch nie verspürt hatte. Seit 10 Jahren trug ich die Last meines eigenen Versagens auf den Schultern. Und die war mit einem Mal weg.

Einfach so! Ich hatte Frieden in meinem Herzen. Eine absolute Ruhe, die mich für den Rest der Nacht sprachlos machte. Es war, als würde mir Jesus sagen: ‚Ich war immer neben dir. Auch in den schrecklichsten Momenten deines Lebens.' In dieser Nacht habe ich zum ersten Mal seit sehr langer Zeit gebetet. Ich bat um Vergebung. Ich bat um Heilung. Ich bat Gott, mich aus der Dunkelheit, in der ich ein Jahrzehnt lang herumgeirrt war, herauszuführen. Zum ersten Mal seit Jahren fand ich die Kraft, anstatt nach der Flasche nach der Bibel zu greifen. Das allein war ein Wunder."

Nach Jahren nahm Steph eine Gitarre Mal in die Hand.
Er begann, Songs zu schreiben über Sucht, Obdachlosigkeit
und Rückkehr.

Von diesem 13. Februar 2006 an war Steph „trocken". Nach Jahren nahm er eine Gitarre in die Hand. Er begann, Songs zu schreiben über Sucht, Obdachlosigkeit und Rückkehr.

„Ich fing an zu singen. Ich hatte vorher nie gesungen oder Lieder komponiert. Gott hat mir die Musik geschenkt als ein Werkzeug meiner Genesung."

Im Sommer 2006 zeichnete Steph in einem Studio auf Easter Road Edinburgh sechs akustische Tracks auf und stellte sie in MySpace. Die Reaktion auf Songs wie „Alkohol Synonym" und „Mann in der Kälte" war überwältigend. Viele Menschen fanden sich in Stephs Erfahrungen wieder. Das gab ihm Mut, auch weiterhin an seinem neu entdeckten Leben zu bauen. Er begann, sich mit anderen Musikern und Musikliebhabern über das Internet zu vernetzen und spielte auf verschiedenen Festivals. 2009 gewann er den Troubadour Acoustic Singer Songwriter Wettbewerb in Berlin. Später nahm er ein Album auf. Die zwölf Eigenkompositionen spiegeln seine persönliche Erfahrung mit Jesus bei der Überwindung von der Alkohol- und Drogenabhängigkeit wider. Seither hat Steph Macleod viele

Lieder über seinen Glauben und seine Erfahrungen auf dem Weg mit Jesus geschrieben.

Wie ist sein Musikstil?

„Ich würde ihn bei Folk, Blues, Americana und Acoustic einordnen. Aber ich schreibe auch gern Musik, die von einem Orchester oder einem Chor aufgeführt werden kann. Hin und wieder mag ich auch den schwereren Klang elektrischer Gitarren. Momentan schreibe ich vor allem Lobpreislieder für meine Gemeinde. Weil Gott real ist. Er ist der Grund, warum wir am Leben sind. Und doch laufen wir oft Gefahr, dass wir den Standards unserer Gesellschaft gerecht werden wollen. Dabei werden wir nie groß genug, dünn genug, cool genug sein. Außer wir tragen das richtige Makeup, die richtige Schuhmarke, verwenden die richtigen Golfschläger, fahren das richtige Luxusauto und so weiter. Aber stell dir mal vor, auf wundersame Weise hättest du plötzlich all diese Dinge. Du wärst der coolste Mensch auf Erden. Spätestens nach einer Woche wärst du uninteressant; denn es gäbe wieder neue Trends, die du befolgen müsstest. Ist das nicht alles Schwachsinn? Am Anfang des meist gelesenen Buches der Weltgeschichte, der Bibel, steht, dass

Gott uns nach seinem Abbild geschaffen hat. Wenn also der Schöpfer der Sterne, der Galaxien, des Lebens, der Klänge und Symphonien, des Lachens, der Liebe und sogar der Eiscreme all diese Dinge machen kann und dich ganz persönlich und einzigartig geschaffen hat, dann bist du nichts weniger als ein Wunder! Wann immer du in den Spiegel schaust, erinnere dich daran. Sogar wenn du fällst, weißt du, dass du nicht weiter fallen kannst als in die liebenden Hände Gottes. Wir Menschen sind komplexe und doch so zerbrechliche Geschöpfe, die zu Unglaublichem fähig sind. Wir haben die Fähigkeit zu lieben, zu vergeben, mitzufühlen und gütig zu sein. All das bekommen wir umsonst. Das kann man nicht so einfach kaufen. Es kommt aus der Güte Gottes und kann unser Leben verändern. Ich habe es an mir selbst erfahren."

Steph Macleod ist inzwischen Mitglied einer Ortskirche.

„Dort lernte ich auch meine Frau und ihren sieben Jahre alten Sohn kennen. Im Januar 2015 wurde uns eine kleine Tochter geschenkt. Wir nannten sie Seraphim. Sie ist mein Engel und ein kleines Wunder. Rückblickend muss ich sagen:

Die Jahre seit meiner Genesung sind die besten in meinem Leben. Es gibt auch manchmal harte Zeiten. Aber Gott bleibt immer die Mitte von allem. Ich liebe Jesus! Er brach meine Ketten entzwei. Er tröstete mich, als ich allein war. Er rettete mich aus der Dunkelheit. Er legte das Feuer des Lebens wieder in mein Herz. Jeder Atemzug ist für ihn. Mein eigener Herzschlag ist der Beweis, dass Gott mich so sehr liebt, indem er mir das Leben neu geschenkt hat."

GOTT IST KURZSICHTIG

*Jesus, was uns der Evangelist Markus im Kapitel 12
berichtet, kann ich mir sehr plastisch vorstellen: Wie
du dich dem Gotteskasten gegenübersetzt und zusiehst,
wie das Volk Geld hineinlegt. Viele Reiche legen viel
hinein. Und da kommt plötzlich eine arme Witwe und
spendet zwei Lepton, die kleinsten Kupfermünzen von
damals. Ungefähr einen Cent. Im Vergleich mit dem,
was die Reichen gaben, war das verschwindend wenig.
Trotzdem standest du auf, sorgtest mit einer Handbewe-
gung für Ruhe, zeigtest auf die Frau mit den Worten:
„Hört mir genau zu. Diese Witwe hat mehr gegeben als
alle anderen. Denn die anderen haben etwas von ihrem
Überfluss gegeben. Sie aber hat alles gegeben, was sie
hat." Das klingt schon ziemlich provozierend, als wärst
du kurzsichtig und sähst durch eine Lupe das Kleine
groß. Was bewirkt schon so eine kleine Münze, dass
man bei ihrem Auftreffen im Kasten nur ein kleines
Scheppern wahrnimmt? Was kann die kleine Münze
verändern? Braucht es nicht viel mehr? Wie kannst
du da von Power reden?*

Deine Frage ist berechtigt. Wenn wir beim bloßen Geldwert bleiben, hast du bestimmt Recht. Wer wirft so kleines Geld in die Sammlung? Und wenn schon, ihr habt ja Samtbeutel in der Kirche, um das Klingeln zu vermeiden. Damit keiner sieht, was eingelegt wird. In meiner Zeit war das anders. Die Opferstöcke standen ganz öffentlich da. Ein Priester saß daneben und verhandelte mit denen, die etwas einwarfen. Reichte das Geld für ein bestimmtes Opfertier? Wie viel gaben die Leute? Andere standen interessiert herum und verfolgten die Verhandlungen. Alles geschah öffentlich. Die Menschen, die kamen, um dort Geld zu spenden, bezeugten damit ihre Verbundenheit mit dem Haus des Herrn. Ich sah viele Reiche. Sie gaben von ihrem Überfluss. Ihr Besuch des Tempels bezeugte nach außen Gottesfurcht und Opferbereitschaft. Honorige Menschen. Nach der jüdischen Auffassung bemaß sich der Wert des Opfers nicht an der absoluten Höhe des Betrages, sondern an den Möglichkeiten, die der Einzelne aufgrund seines Vermögens hatte. In diesem Sinn erwies sich die Witwe als besonders leistungsstark. Jedenfalls leistungsstärker als die Reichen. Sie hatte alles, was sie besaß, in den Kasten eingelegt, während die Begüterten nur von ihrem Überfluss gaben und damit genug zurückbehielten. Für mich war die arme Witwe eine handelnde Persönlichkeit, die einen wesentlichen Beitrag zum gemeinschaftlichen Leben geleistet hatte. Natürlich hätte man mit ihren zwei Lepton kein Brandopfer finanzieren können. Das Wesentliche lag darin, dass sie ihren ganzen Besitz, ihre Existenzgrundlage, ihr Leben hergegeben hatte. Das machte ihr Opfer unvergleichlich größer als die Gaben der Reichen.

Wie gingen die Leute mit ihr um?

Neugierig die einen, was eine Witwe wie sie an den Opferstöcken zu suchen hatte. Andere schauten weg, um diese Seite des Lebens in ihrem Alltag ganz schnell wieder zu vergessen. Jeder Schritt durch die aufgeregt verhandelnden Menschen kostete der Frau Mut und Überwindung. Und doch war in ihrem Gang etwas anderes zu spüren als schamvolles Herumdrücken. Ihr Auftreten trug mehr in sich als nur stille Ergebenheit in ihr Schicksal. Sie war keine, die mit allem abgeschlossen hatte. Sie warf die beiden Scherflein ein. Mit dem Klang dieser

letzten Münzen war ein Protest in den Tempel
eingezogen.

Aber handelte die Frau nicht unvernünftig? Wenn
sie alles gab, was sie hatte, alles, was sie zum Leben
brauchte, dann war sie doch bettelarm.
Die arme Witwe gehörte zweifellos nicht zu
den Leistungsträgern ihres Volkes. Sie war schutz-
los und abhängig von der Fürsorge anderer. Und
doch stellte ich diese Leistungsempfängerin allen
anderen als Wohltäterin vor Augen. Die scheinbar
unverrückbare Grenze zwischen oben und unten
war aufgehoben. Mit ihrem Handeln legte sie ihr
ganzes Leben ganz und gar in die Hand meines
Vaters. Sie hatte keine Angst vor der Armut. Sie
fürchtete nicht, zu verhungern, sondern vertraute.
So wie die Vögel am Himmel, die ernährt werden,
ohne dass sie säen oder in Scheunen sammeln.
Wie die Lilien auf dem Felde, die heute blühen und
sich keine Gedanken machen über morgen. Das
versuchte ich am Verhalten dieser Frau deutlich
zu machen. Sie trug einen größeren Reichtum in
ihrem Herzen als mancher betuchter Geber dort
im Tempel. So viel mehr an Vertrauen, so viel

mehr an Hoffnung, so viel mehr an Gottesnähe. Sie lebte aus dem Glauben an den Gott Israels, der aus Bedrängnis in die Freiheit führt. Der die Not sieht und für Gerechtigkeit und Recht einsteht. Sie verzichtete nicht darauf, sichtbarer Teil der Menschen zu sein, die zu diesem Gott gehörten. Und sie vertraute darauf, dass ihr Opfer etwas ausrichten konnte. Diese Hingabe mit ungeteiltem Herzen war es, das mich so beeindruckt hat. Das Wenige, das sie besaß, wurde in meinen Augen wichtiger als die Summen, die an Geld zusammenkamen.

Der materielle Wert war es also nicht.

Sie gab ohne Vorbehalte. Das ist Hingabe. Sie hatte nichts mehr „auf der hohen Kante", behielt keine „Sicherheiten" zurück. Sie zeigte Selbstbewusstsein. Sie überließ das Geben nicht denen, die viel hatten. Sie schämte sich ihrer kleinen Gabe nicht. Sie gab von Herzen. Ihr Opfer war echt. Mein Vater achtet eine solche Gabe. Ihr ehrt ihn besonders durch das, wovon ihr am wenigsten besitzt. Bei dem einen ist es Geld, bei dem anderen Zeit. Wie bei der Witwe ist nicht entscheidend, wie viel ihr gebt, sondern was die Gabe euch bedeutet.

Alles, was ihr habt und was ihr nicht habt, fordert euch heraus. Euer Besitz, indem ihr lernt, nicht daran zu hängen. Euer Mangel, indem ihr lernt, ihn anzunehmen. Durch dieses absolute Vertrauen lernt ihr, Gleichgültigkeit, Geiz, Trägheit, Ängste zu überwinden, die euch hemmen und binden wollen.

Wie viel von unserem Besitz kann Gott beanspruchen?
Mein Vater hat einen Anspruch auf euer ganzes Leben. Alles gehört ihm. Enthaltet ihm nichts vor! Gebt euch ihm ganz hin! „Gebt, so wird euch gegeben. Ein volles, gedrücktes, gerütteltes und überfließendes Maß wird man in euren Schoß geben, denn eben mit dem Maß, mit dem ihr gebt, wird man euch wieder geben." (Lk 6,38).

Bedeutet das, dass du mit einer ganz anderen Brille als wir unsere vorhandene oder mangelnde Großzügigkeit betrachtest?
Fragt euch doch selbst: Wie viel braucht ihr wirklich zum Leben? Was darüber ist, bedeutet Überfluss. Davon zu geben ist bestimmt nicht falsch. Ein Opfer ist es aber nicht. Dazu braucht man kein Vertrauen. Wer aber ein Opfer bringt,

der vertraut darauf, dass mein Vater ihn nicht hängen lässt. Er vertraut darauf, dass er ein Geber ist. Und er gibt immer alles! Er gab euch mich, seinen einzigen Sohn. Mit mir gibt er auch alles andere, was ihr braucht. So machten es die ersten Christen in Jerusalem. Sie verkauften Häuser und Grundstücke, um das Geld in die Gemeindekasse zu geben. Mein Vater sorgte dafür, dass sie keinen Mangel litten. Obendrein fanden sie Wohlwollen beim ganzen Volk und Gott ließ die Gemeinde täglich wachsen (vgl. Apg 2,44-47).

Das Vorbild der armen Frau beunruhigt mich. Wo bin ich mit ungeteiltem Herzen als Geber dabei?

Es kommt nicht darauf an, wie viel du gibst, sondern wie viel du zurückbehältst. Jeder von euch hat etwas zu geben. Jede noch so kleine Gabe und Begabung erfährt bei mir eine große Wertschätzung. Dazu lade ich euch ein: Mit mir ganze Sache zu machen. Ich will nicht etwas von euch, ich will euch selbst. Ganz und gar. Euer Leben mit allem, was ihr seid und habt, mit all euren Mängeln und Stärken. Damit ihr nicht nur nebenbei ein bisschen christlich seid, sondern ganz, mit ungeteiltem Herzen mit mir lebt.

Ich sehe den Mehrwert des Witwenopfers darin, dass diese sich von ihrem ganzen Besitz löst, während die anderen sich nur von einem Teil ihres Überflusses trennen können. Willst du uns damit Armut als einen erstrebenswerten Zustand erscheinen lassen?

Das zu behaupten liegt mir fern. Aber an dieser Provokation der Witwe kommt ihr nicht vorbei. Deshalb beginnt schon jetzt, den Überfluss so zu reduzieren, damit ihr eine Ahnung vom Mehrwert des Nichts bekommt. So steht das Tun der Witwe exemplarisch für alle, die im entscheidenden Moment bereit sind, selbst ihr Leben aufs Spiel zu setzen. Nicht in einem grausam theatralischen Akt des Selbstmordattentats, nicht im Risiko des Abenteuers, sondern in der totalen Hingabe, wie es am Beispiel eines Maximilian Kolbe deutlich wird.

Mit einem Dollar fing alles an

Es war Mitte der 70er Jahre. Während mehrerer
Monate war Jean Luc Bourgois als freiheitsliebender
Zeitgenosse der 68er-Generation auf Entdeckungs-
reise in Nordamerika unterwegs. Von der Ost- bis
zur Westküste. In seinem Übermut als 23-Jähriger
wollte er einfach alles erleben und kennen lernen:
Landschaften, Städte, Menschen, ihre Arbeiten und
Lebensweisen und natürlich Festivals.

Zu seinem Leidwesen zwang ihn ein kompli-
zierter Armbruch, diese abenteuerliche Odyssee
in Kanada abzubrechen. Auf dem langen Rückweg
von Vancouver nach Montreal, quer durch den
Kontinent, rettete ihn ein protestantischer Pastor
aus einem Schneesturm, ehe Jean Luc völlig aus-
gelaugt endlich in New York ankam. Ganze zehn
Tage vor seinem geplanten Rückflug.

„Da saß ich also halbkrank fest, mitten in dieser
pulsierenden Weltstadt. Ohne Geld, ohne Freunde
und ohne Dach über dem Kopf. Einige Jugendliche
hatten Mitleid mit mir und nannten mir die Adresse
von einem leerstehenden Lagerschuppen im Süden

Manhattans. Dort würden viele Obdachlose nachts Unterschlupf finden. Da ich weder ein noch aus wusste und es ohnehin schon dämmerte, suchte ich den genannten Ort auf. Dort kauerte ich mich in irgendeine dunkle Ecke. Die ganze Atmosphäre war mir nicht geheuer. Das schien ein ziemlich heißes Pflaster zu sein. Angst kroch langsam in mir hoch. In meinem Elend begann ich zu weinen. In diesem Moment machte mich ein alter Obdachloser durch sein leises Pfeifen aufmerksam. Er lag etwa zehn Meter von mir entfernt auf dem Boden. Dann winkte mich der weißhaarige Alte zu sich und fragte rundheraus: ‚Warum flennst du denn?' In groben Zügen erklärte ich ihm meine missliche Lage. Obwohl ich mir sicher war, von dem alten Vagabunden keine Hilfe erwarten zu können. Welch ein gewaltiger Irrtum! Dieser Penner war im Begriff, mein Leben völlig zu verändern."

Nachdem der Tippelbruder einen prüfenden Blick um sich herum geworfen hatte, öffnete er rasch einen kleinen Beutel und zog einen

Dollarschein heraus. Den einzigen, den er besaß. Er steckte ihn Jean Luc wortlos zu. Gleichzeitig gab er durch ein Zeichen zu verstehen, dass einem da, wo wir uns befanden, für einen Dollar die Kehle durchgetrennt werden könnte.

Vielfältige Formen hat dieser Dollarschein im Laufe der Jahre im Leben des Blumenhändlers Jean Luc angenommen.

„Völlig perplex nahm ich den Schein und sagte fassungslos: ‚Diesen Dollar werde ich dir nie zurückgeben können!' ‚Du wirst ihn anderen zurückgeben', war die gelassene Antwort. Diese unerwartete Gabe eines Armen an einen noch Ärmeren hat mich damals unbeschreiblich getröstet. Seine Großzügigkeit war mir eine Lehre und gab meinem Leben eine ganz neue Ausrichtung. Seit nunmehr über 30 Jahren habe ich nie aufgehört, diesen rettenden Dollarschein von damals zurückzubezahlen. Zehnmal, hunderte, ja manchmal tausende Male. Wieder und wieder gab ich ihn gerne, so dass das Schenken zu einem Teil meines Lebens geworden ist. Immer noch lässt mich dieser kleine Dollar bis heute nicht los. Immer wieder neu weiß ich mich als Schuldner jener, die ebenso fertig und am Ende sind, wie ich es damals in der Gosse von Manhattan war. Wo mich die edle Geste eines Bettlers aus dem Elend zog. Ja, ich bin immer noch dabei, diesen einen Dollar zurückzugeben."

Vielfältige Formen hat dieser Dollarschein im Laufe der Jahre in Jean Lucs Leben angenommen. Jeden Montag hält er – auf dem Rückweg vom Blumengroßeinkauf in Holland – sein Lieferauto mehrmals an; denn edle Rosen, Freesien, Narzissen und Tulpen, zarte Sträucher, Farne und Gräser finden ohne großes Aufsehen ihre Ehrenplätze bei der Madonna in der Kathedrale von Lille oder in der berühmten Rue du Bac, in Sacré Cœur auf dem Montmartre oder in sonst einer Kirche. Manchmal nimmt Jean Luc spontan Mittellose oder Einsame zu einer Lobpreiswallfahrt nach Paray-le-Monial mit. An manchem Neujahrsfest verbringt der feinfühlige Blumenhändler mit Selbstverständlichkeit den ganzen Tag damit, einsame und alte Leute zu besuchen, aufzumuntern und mit ihnen zu beten, wenn sie es erlauben.

Bei ihm zu Hause, im dünn besiedelten Département Creuse im Herzen Frankreichs, wo Jean Luc mit seiner portugiesischen Frau Caroline inmitten einer frohen Enkelschar vielbeschäftigt ist, steht die Tür jederzeit für alle offen, die anklopfen.

GOTT IST VERSCHWENDERISCH

Jesus, der Evangelist Johannes berichtet uns im 12. Kapitel, dass du sechs Tage vor dem Passah nach Bethanien kamst, wo auch Lazarus war, den du von den Toten auferweckt hattest. Sie bereiteten dir dort ein festliches Gastmahl und Martha bediente. Da nahm Maria ein Pfund echten, köstlichen Nardensalböls, salbte dir die Füße und trocknete deine Füße mit ihren Haaren. Voller Zärtlichkeit. Ganz voller Liebe. Sehr intim. Judas Iskariot bringt es auf den Punkt: Hätte man das Öl nicht für 300 Denare verkaufen können, um das Geld den Armen zu geben? Das entsprach in etwa dem Jahreslohn eines Arbeiters. In heutige Währung umgerechnet war es ca. 30.000 Euro wert. Also fast ein Jahresgehalt einfach mal „für die Füß". Wirklich: Hätte da weniger nicht auch genügt? Hätte Maria nicht sparsamer sein können? Und hättest du einer solchen „Verschwendung" nicht auch Einhalt gebieten müssen?

Aus wohlfahrtsökonomischer Betrachtungsweise schien der Vorschlag von Judas sozial optimal zu sein. Judas war aber alles andere als ein „barmherziger Samariter". Die Armen kümmerten ihn wenig. Er wollte den Erlös aus dem Salböl in die eigene Tasche stecken. Und als er sah, wie Maria die Flasche mit dem Salböl zerbrach und den Inhalt auf meine Füße schüttete, da durchfuhr ihn ein stechender Schmerz, so dass er nicht die Klappe halten konnte. In der Gegenwart aller Mahlteilnehmer kritisierte er die Salbung. Weil er das Geld mehr liebte als seinen Meister.

Trotzdem meine Frage an dich: Werden Verschwender von dir belohnt?

Gegen alle Bedenkenträger möchte ich sagen: Gewisse Dinge kann man nicht mit Billigangeboten vollbringen. Denn jedem jüdischen Menschen war damals eines klar: Wenn von Öl und Salbung die Rede war, dann klang da nicht nur Körperpflege und Beauty Treatment an, sondern Königssalbung. Damit machte Maria eines deutlich: Sie salbte mich als den Messias, den von Gott Gesalbten, von dem Friede und Heilung ausströmten, gerade so, wie nachher das ganze Haus von kostbarem Nardenöl erfüllt war.

Da warst du also damit einverstanden, dass Maria das
teure und wertvolle Öl an dir „verschwendete"?

Hier ging es nicht um Berechnung. Hier ging
es um Liebe.

Maria wollte mir nicht einmal gerade so ein
bisschen etwas Gutes tun. Sie wollte mir ihre Liebe
schenken. Nicht abgemessen und klug überlegt.
Nicht genau portioniert und rationiert, damit für
ein anderes Mal auch noch etwas übrig bliebe.
Sondern maßlos, grenzenlos. Maria hatte das Öl
aufbewahrt und gespart, um es bei meinem Begräbnis zu geben. Da ihr Herz voller Liebe war und
da die Liebe immer tiefer und weiter sieht, ahnte
sie offensichtlich, was mir in Kürze bevorstand.
Dieses Salböl war ihr Schatz gewesen, ihr Herz
hing daran. Es war der Garant ihres Glückes. Als
sie das Pfund Salböl in die Hände nahm, nahm sie
ihr ganzes Herz in die Hand. Und nun konnte sie
keine Macht der Welt mehr aufhalten. Sie fiel mir
vor die Füße und fing an, diese zu salben. Wenige
Tropfen hätten genügt. Doch sie gab hin, was sie
hatte. So unverfälscht und kostbar das Salböl war, so
unverfälscht und kostbar waren ihr Herz und ihre
Liebe für mich. Sie hat meine Füße förmlich in Öl

getränkt. Um sie anschließend zu trocknen, nahm sie ihr eigenes Haar. Die langen Haare der Frauen galten als ihre „Herrlichkeit". Sogleich füllte sich nicht nur das ganze Zimmer, sondern das ganze Haus mit dem Duft des Öls. Jeder konnte die Liebe und Dankbarkeit, mit der Maria sich mir schenkte, förmlich riechen. Ein Duft ohnegleichen. Es war der Duft der Liebe. Auch im Hohen Lied Salomos spielt er eine ganz wichtige Rolle. Der Duft des Nardenöls verbindet die Liebenden. Nichts ist so anziehend wie dieser Geruch. Kein anderer Duft könnte nachhaltiger übermitteln, was Liebe ist. Allein das Nardenöl sagt dir, worum es hier geht: um Liebe. Um eine verschwenderische Liebe. Um eine stille und doch überschäumende Begeisterung. Um grenzenlose Hingabe. Das alles machte Maria aus. Die Frau, die mit ihrem Handeln an mir alles, was den Menschen recht war, in Frage stellte.

Und was war recht?

Recht war, was die anderen taten. Zum Beispiel Martha. Sie bediente die Gäste. Und es waren viele! Martha war in der Küche ausreichend beschäftigt. Sie hatte sich schon bei der Vorbereitung des Festessens beteiligt. Und jetzt sorgte sie für Nachschub. Sie trug auf, goss Wein nach, versuchte, den Gästen die Wünsche von den Augen abzulesen. Martha war alles in allem eine vollendete Gastgeberin. Sie ahnte nichts von den dunklen Stunden und Tagen, durch die ich in weniger als einer Woche hindurchgehen würde. In gewisser Weise war das für mich ein großes Abschiedsmahl.

Recht war, was Lazarus tat. Er war einer von denen, die mit mir zu Tisch lagen und das Festessen genossen. Natürlich war er an diesem Abend so etwas wie der Stargast. Schließlich wurde er von den Toten erweckt. Ein unbegreifliches Wunder! Alle wollten ihn sehen, ein paar Worte mit ihm wechseln. War Lazarus doch ein Rückkehrer vom „anderen Ufer". Nun saß er da und leistete Gesellschaft. Als Gesprächspartner kümmerte er sich um die anderen. Alles in allem: ein wunderbarer Tischgenosse.

Recht war, was Judas tat. Er protestierte. Warum hatte man dieses Öl nicht für dreihundert Denare verkauft und das Geld den Armen gegeben? Ja, recht hatte er mit seinem Einwand. Da hätte man endlich einmal die Sozialkassen füllen und die

Armen so richtig spürbar unterstützen können. Dreihundert Denare! Wie konnte man nur eine solche Summe einem anderen über die Füße leeren? Der Jahreslohn eines Arbeiters. Was für eine Verschwendung! Nein, das war nicht zu verantworten. Peinlich für Maria. Alle taten sie etwas Nützliches: Martha bediente die Gäste, Lazarus unterhielt sie und Judas überschlug die Kosten. Nur Maria ließ sich zu einer ganz unnützen Tat hinreißen. Seltsam, dass ausgerechnet von dieser Tat etwas Betörendes, etwas Heilsames ausging. Ein Wohlgeruch. Der Duft der Hingabe.

Wonach roch es eigentlich bei den anderen?

Martha umwehte ein leicht aufdringlicher Küchenduft, der ihr unangenehmerweise auch noch nach dem Festessen anhaftete. Bei Lazarus konnte man noch den Geruch des Todes schmecken. Judas roch nach gar nichts. Da Geld ja bekanntlich nicht stinkt. Oder vielleicht doch? Wenn es auf zweifelhafte Art und Weise erworben wird? Es herrschte also insgesamt ziemlich dicke Luft, die sich hier breit machte. Wenn da das Nardenöl nicht gewesen wäre, wenn Maria es mit ihrer scheinbar

so unnützen Tat nicht geschafft hätte, einen Wohlgeruch zu verbreiten, sie hätten alle im eigenen
Mief ersticken müssen.

Was meinst du mit eigener Mief?
    Das ist euer kleines Reich, in dem ihr euch be-
wegt und das ihr oft für den Nabel der Welt haltet.
Das kann durchaus auch einmal eure Küche sein.
Dort ist es am wärmsten. Da haltet ihr euch gerne
auf. Da seid ihr nahe am Kühlschrank und bei den
Fleischtöpfen. Da geht es euch gut. In manch euren
Wohnungen nimmt die Küche, architektonisch
gesehen, einen zentralen Platz ein. Aber darf sie
denn wirklich zum Zentrum eures Lebens werden?
Darf sich alles nur um eure eigenen Bedürfnisse
drehen? Oder um das liebe Geld? Offenbar habt
ihr ein so inniges Verhältnis zum Geld, dass ihr
es so lieb findet. Was ihr aber liebt, das nehmt ihr
in euer Herz auf. Und schon ist es in der Mitte
angekommen und hält euch in Atem. Wie viel
Sorge ist damit verbunden? Wie viel Angst und wie
schnell vergehendes Glück? Manchmal ist es eine
Hassliebe. Aber darf sich das liebe Geld so sehr in

euren Köpfen und Herzen einnisten, dass nichts anderes mehr Platz darin findet?

Was für eine Wohltat war dagegen diese Geste der Maria und was für ein Wohlgeruch, der das Haus erfüllte! Sie hatte es letztlich im Voraus für mein Begräbnis getan. Nein, von mir würde einmal kein übler Geruch ausgehen. Davon war Maria überzeugt. Darum lag auch kein Leichengeruch über dieser merkwürdigen Szenerie in Bethanien. Obwohl über mich längst das Todesurteil gefällt war. Da lag bereits der Geruch der Auferstehung. Ein frischer, warmer Lebensatem, der sich hier ausbreitete.

Willst du uns damit auf einen Gegensatz zwischen Liebe und Geld aufmerksam machen? Auf die Alternative: Du oder die Armen?

Keineswegs! Heute gilt für euch, was ich an einer anderen Stelle gesagt habe: „Was ihr einem dieser meiner geringsten Brüder und Schwestern Gutes getan habt, das habt ihr mir getan."

Wir müssen uns also nicht entscheiden zwischen Menschenliebe und Jesus- oder Gottesliebe?

Die Liebe ist nicht teilbar. Doch es gibt die persönliche Beziehung zu mir. Eine Hingabe, die nur mein Vater selbst in euch wecken kann. Das ist ähnlich wie beim Wecker. Er klingelt zwar, aber aufstehen müsst ihr schon selber. Die Liebe kann man nicht befehlen. Sie braucht eure Zustimmung. Sie wirbt um euer Ja. Maria hat das auf ihre Weise getan und gezeigt. Sie hat in einer wunderbaren Geste der Verschwendung ihre ganze Liebe vor mir ausgeschüttet, sie hat mir ihr Leben zur Verfügung gestellt. Und alle konnten es riechen. Der Duft des kostbaren Öls ist jedem Gast im Haus in die Nase gestiegen. Dieser Duft, der das Leben weit machte und auf meinen Vater hin öffnete, vertrieb den Mief ihrer kleinen, in sich selbst verschlossenen Welt, in dem sie zu ersticken drohten.

Was hatte letztlich Maria veranlasst, gegen alle Konventionen so zu handeln?

Ihre leidenschaftliche Liebe. Sie fragte weder nach dem, was sich gehörte, noch stellte sie Berechnungen an. Maria ließ ihrer Liebe zu mir in diesem einen, entscheidenden, kostbaren Augenblick freien Lauf. Und ich ließ es mir gerne gefallen. „Denn die Armen habt ihr immer bei euch", sagte ich, „mich aber werdet ihr nicht immer haben." Damit antwortete ich auf den schwerwiegenden Einwand von Judas, der die Salbung mit dem kostbaren Öl für eine grandiose Verschwendung hielt. Liebe lässt sich nicht aufrechnen. Es wäre der Tod jeder Liebe, würde man sie mit irgendeiner Summe Geldes in Verbindung bringen. Liebe ist weder käuflich noch verkäuflich. Sie ist unbezahlbar! Liebe lässt sich in keinster Weise mit Geld verrechnen.

War die ganze Szenerie nicht unangenehm und peinlich für Maria?

Sie sah nicht auf die Menschen, sondern nur auf ihren Retter. Die Liebe zu mir sprudelte aus ihrem Herzen heraus. Sie war ganz und gar auf ihren Messias fokussiert. Sie war so sehr von Liebe überwältigt, dass sie etwas tat, was undenkbar war. Sie salbte den, der ihren Bruder vom Tode auferweckt hatte. Sie war erfüllt von der Liebe zu dem, der ein Freund ihrer Familie war. Aber noch mehr: Sie liebte den Sohn Gottes. Sie sah in mir ihren Heiland. Ihr gutes Werk kam aus ihrem Herzen, das voller Liebe war.

Diese Liebe möchte ich auch haben. Eine Liebe, die sich nicht darum schert, was andere sagen und denken, sondern eine Liebe, die von ganzem Herzen kommt.

Liebe ist von völlig anderer Qualität als alles, was ihr in Euro und Cent zum Ausdruck bringt. Ihr könnt zwar spenden ohne wirklich berührt und betroffen zu sein. Aber ihr könnt nicht lieben ohne Beziehung. Liebe erfordert immer den persönlichen Einsatz. Nur wenn ihr mit dem Herzen dabei seid, liebt ihr. Religion und Glaube ohne Herz und ohne Liebe sind tot. Mein Apostel Paulus sagt: „Wenn ich mit Menschen- und mit Engelzungen redete und hätte die Liebe nicht, so wäre ich ein tönendes Erz oder eine klingende Schelle." (1 Kor 13,1). Gute Werke sind immer die Folge von dem, was ich zuerst an euch getan habe. Sie sind das Ergebnis einer inneren Überwältigung, ein Staunen über meine Liebe zu euch. So möge auch eure Motivation immer die Liebe sein!

Vom Berlusconi-Girl zur Jesus-Freundin

Ania Goledzinowska wurde 1983 in Warschau in einer armen Familie geboren. Auch wenn sie wenig besaßen, hatte sie bis zum Alter von vier Jahren eine glückliche Kindheit. Wusste sie sich doch von ihren Eltern geliebt. Als ihre Schwester zur Welt kam, begann sich in ihr die Eifersucht zu regen. Anias Vater litt sehr unter dem kommunistischen System. Seinen Schmerz ertränkte er im Wodka, bis ihn die Alkoholsucht schließlich in den Tod führte. Anias Mutter fiel daraufhin in eine tiefe Depression. Sie suchte Halt bei anderen Männern, die sie auch mit ins Haus brachte. Als Ania im Alter von zehn Jahren von einem dieser „Onkels" missbraucht wurde und ihre Mutter das nicht glauben wollte, erfüllte sich ihr Herz mit Ablehnung.

„Ich hasste meine Mutter, weil sie da war, und ich hasste meinen Vater, weil er nicht mehr da war. Ich hasste die ganze Welt."

Schließlich wurde Ania von ihrer Großmutter adoptiert. Doch sie reagierte derart widerspenstig, dass die Oma ihre Enkelin nach einigen Wochen nach Hause zurückschicken wollte.

„Beim Gedanken, zu meiner Mutter und meiner Schwester zurückkehren zu müssen, verlor ich den Verstand. Ich öffnete den Medikamentenschrank meiner Oma und mischte mir einen Pillen-Cocktail. ‚Wenn ich nicht mehr da bin, werden sie schon realisieren, was sie mir angetan haben', redete ich mir ein. Sie werden verzweifelt weinen. Doch mit meinen 13 Jahren hatte ich mich verrechnet. Der Selbstmordversuch schlug fehl. Als ich zu Bewusstsein kam, fand ich mich in einem Krankenhaus wieder. Eine Psychologin saß mir gegenüber und wollte mir einreden, das Beste für mich sei, eine Zeit in einem Haus für schwererziehbare Mädchen zu verbringen. ‚Ich bin doch nicht verrückt', war mein erster Gedanke. Und mein zweiter: ‚Ich muss hier raus!' So bin ich abgehauen."

Ania lebte jetzt mehr oder weniger auf der Straße, mit dem Traum, einmal eine berühmte Schauspielerin zu werden. Gemeinsam mit ihren neuen

Freunden fühlten sie sich als Helden, wenn sie alle gesellschaftlichen Regeln übertraten.

„Wir betranken uns, konsumierten Drogen aller Art. Auch wenn wir mit ansehen mussten, wie einige dabei an einer Überdosis drauf gingen. Wir begannen zu stehlen, handelten mit Rauschgift, um zu Geld zu kommen."

Ganz selbstverständlich waren in diesen Kreisen sowohl Brutalität wie auch Sex an der Tagesordnung.

„Mein erster Freund hatte seine Freundin totgeschlagen und in einen Müllcontainer geworfen. Das hätte auch ich sein können!"

Mit 16 lernte Ania Leute kennen, die ihr einen Job als Model in Italien anboten. Das war die Chance.

„Ich dachte nicht zweimal nach und sagte sofort zu. Was hatte ich schon zu verlieren?! Mein Traumland: Italien. Ein gewisser Yuri holte mich ab. Zusammen mit zwei anderen Mädchen chauffierte er mich in Richtung Italien. Ich war voller Erwartungen. Deshalb fragte ich mich anfangs gar nicht, warum wir nach Turin anstatt, wie ausgemacht, nach Mailand fuhren. Yuri brachte uns in eine drittklassige Unterkunft, eine ehemalige Garage. Dann nahm er meine Dokumente an sich."

Auf ihre Fragen bekam Ania keine Antwort. Langsam verwandelte sich ihr Enthusiasmus in panische Angst. Ihre Befürchtungen bewahrheiteten sich. Man wollte aus ihr eine Prostituierte machen.

„Ich versuchte zu fliehen. Doch das Vorhaben misslang und ich wurde dazu noch von einem der Klienten mit Zustimmung des Zuhälters vergewaltigt."

Auf keinen Fall wollte Ania nach Polen als Versagerin zurückkehren. Wenn schon, dann mit Erfolg. Tatsächlich fand sie in Mailand eine Arbeitsstelle in einer Modeagentur für Schauspieler. Auf diese Weise kam sie in die Welt des Showbusiness. Dort lernte sie einen sehr reichen Mann kennen und lebte eineinhalb Jahre lang wie in Trance in einer Scheinwelt aus Reichtum, Drogen, Alkohol und Masken.

„Ich habe, seitdem ich als Kind vergewaltigt wurde, den Sex gehasst. Ich musste mich vorher immer erst betrinken. Trotzdem hatte ich alles, was man sich nur wünschen kann. Angefangen bei einer Traumwohnung mit Schwimmbad bis hin zum Privatflugzeug. Das Glück schien wirklich auf meiner Seite zu stehen. Doch eines Tages sagte Marco zu mir: ‚Ania, ich kann dir alles geben, was du möchtest. Nur eines kann ich dir nicht geben: Liebe.' Das war der Anfang vom Ende. Ein Schock. Nein, lieber kehrte ich in die Arbeitswelt zurück und verdiente mein Geld selbst."

Mittlerweile hatte Ania viele Bekannte. Bald fand sie eine Arbeit als Model, später dann als Showgirl im Fernsehen. Doch weil sie Karriere machen wollte, musste sie die Regeln dieses Milieus beachten. Das hieß, schon vor dem Frühstück die erste Prise Kokain zu konsumieren. Dieser Lebensstil zehrte ihr Gehirn und ihren Körper dermaßen auf, dass sie oft nicht mehr wusste, was sie einige Stunden zuvor getan hatte.

„Eines Nachts wachte ich auf, weil mein Hund nicht aufhörte zu bellen. Ich öffnete die Augen und sah neben meinem Bett einen alten Mann mit Vollbart stehen. Ich erschrak und glaubte, als Folge des Alkohol- und Drogenkonsums eine Halluzination zu haben. Deshalb schaltete ich das Licht ein. Doch dieser Mann stand immer noch vor meinem Bett. Und mein Hund bellte ihn an. Er sprach kein Wort.

Schüttelte aber den Kopf, als wollte er mir sagen: ‚Ania, was machst du?' Bei seinem Anblick fühlte ich mich schuldig. Dann verschwand er."

Erst neun Jahre später, als Ania ein Buch über das Leben von Pater Pio geschenkt bekam und sein Bild auf der Titelseite sah, erkannte sie den nächtlichen Besucher wieder.

„Nach dieser Begegnung fand ich die Kraft, meinen damaligen Verlobten und die Drogen zu verlassen. Pater Pio hatte mir wirklich das Leben gerettet; denn ich war derart erschöpft, dass ich physisch und psychisch nicht mehr lange durchgehalten hätte."

Einige Zeit später lernte Ania Paolo Brosi kennen, einen bekannten italienischen Journalisten und Fernsehreporter. Dieser hatte 2009 in Medjugorje zum christlichen Glauben gefunden. Paolo machte sie mit Diego Manetti, Herausgeber beim italienischen Verlag Piemme, bekannt.

„Nachdem ich Diego zwei Stunden lang meine Geschichte erzählt hatte, meinte er: ‚Ania, wenn ich in deine Augen schaue, verstehe ich, dass ich deine Geschichte erzählen muss. Aber du musst vorher mit mir nach Medjugorje kommen.' ‚Gut, er wird mein Buch publizieren', dachte ich mir. ‚Dafür kann ich schon nach Medjugorje fahren.' Diego lud mich ein, mit einer Pilgergruppe zur monatlichen Erscheinung der Seherin Mirjana am 2. April 2010 mitzukommen. Um 06:00 Uhr früh waren wir bereits beim blauen Kreuz, wo die angebliche Erscheinung stattfinden sollte. Wir warteten dort bis 09:00 Uhr. Als alles vorbei war, sagte ich zu Diego: ‚Hör mal, das hier ist alles Betrug. Hier erscheint niemand und nichts. Das ist nur Geschäftemacherei, um den Pilgern das Geld aus der Tasche zu ziehen.' ‚Ania, du weißt es noch nicht, aber in deinem Herzen hat sich schon etwas verändert', war seine Reaktion. ‚Was will der schon wissen, was sich in meinem Herzen geändert haben soll?', dachte ich im Stillen. Unsere Gruppe ging in die Unterkunft zurück, um sich frisch zu machen. Dann wollten sie mit einem Stück Pizzabrot im Rucksack den Kreuzberg besteigen. Diego sagte zu mir: ‚Ania, wenn du den Berg hinaufsteigst, denk an Jesus, der voller Wunden mit dem Kreuz auf seinen Schultern Kalvaria bestieg.' ‚Der ist verrückt', war meine innere Reaktion. Ich hab' meine eigenen Probleme. Wieso soll ich an die Probleme eines anderen denken? Was geht mich dieser Jesus an? Nie zuvor in meinem Leben hatte ich einen Kreuzweg gebetet. Deshalb wusste ich auch nicht, dass er 14 Stationen hat. Bei der dritten Station angekommen, setzte ich mich nieder.

Das Ganze war mir einfach zu anstrengend. Ich war es nicht einmal mehr gewohnt, meine eigenen Kleider aufzuhängen. Weil ich in Mailand eine Putzfrau hatte, die sich um alles kümmerte. Und nun sollte ich mich diesen Berg hinaufquälen? Mein nächster Gedanke war: ‚Ich geh’ zurück, trinke ein Bier und warte auf die anderen. Sie können mir dann erzählen, was da oben los ist.‘ Da war es plötzlich, als hörte ich eine Stimme in meinem Innern: ‚Ania, steige hinauf! Wenn du das jetzt nicht tust, wirst du nie verstehen, warum du nach Medjugorje gekommen bist.‘ Ich schaute mich um. Da waren alte Frauen und Kranke, die, mit dem Rosenkranz in der Hand, mühevoll ein Bein vor das andere setzten. Und ich saß da und jammerte. Das schaffe ich auch!

Da spürte ich auf einmal eine Kraft in mir, die mich fast von selbst zum weißen Kreuz hinauftrug. Ich fiel auf die Knie und begann laut zu beten. Obwohl ich gar nicht wusste, wie man betet.

Ich nahm den Rosenkranz in die Hand und begann meinen Aufstieg. Da spürte ich auf einmal eine Kraft in mir, die mich fast von selbst zum weißen Kreuz hinauftrug. Ich fiel auf die Knie und begann laut zu beten. Obwohl ich gar nicht wusste, wie man betet. Es waren Worte, die von selbst aus meinem Mund kamen. Da hörte ich wieder diese innere Stimme: ‚Ania, du musst allen verzeihen, die dich in deinem Leben verletzt haben.' Fast wie von allein kamen drei Worte aus meinem Mund: ‚Ich verzeihe euch.' Als ich diese Worte aussprach, schien mein hartes Herz auseinanderzubrechen. Ich begann zu weinen und weinte alle Tränen, die ich seit Jahren nicht mehr geweint hatte. Ein nie gekanntes Glück und unbeschreiblicher Friede erfüllten mein Herz. Ich wollte diesen Ort am liebsten nicht mehr verlassen. Aber ich musste ja nach Mailand zurück."

Von diesem Tag an war Ania ein anderer Mensch. Sie lebte zwar in ihrer gewohnten Umgebung, nahm an den gewohnten luxuriösen Festen teil, fuhr mit Freunden nach Dubai, Monte Carlo und San Remo, doch sie fühlte sich völlig fehl am Platz. Auch die gewohnten Gesprächsthemen interessierten sie nicht mehr. Immer häufiger entschuldigte sie sich mit der Ausrede, bereits eine andere Verabredung zu haben.

„Da ich mit Paolo Enrico Beretta, dem Neffen des ehemaligen italienischen Premierministers Silvio Berlusconi, verlobt war, lebte ich unter den reichsten und einflussreichsten Familien Italiens. Wir hatten Leibwächter, flogen mit Privatflugzeugen. Ich musste nur einen Wunsch äußern und ich bekam, was ich wollte. Ich war Stammgast bei den berüchtigten Partys Berlusconis. Zu seinem 72. Geburtstag entstieg ich fast nackt am Amtssitz des Premiers einer großen Torte. Doch ich war nicht wirklich glücklich; denn es war ein Leben voller Masken. Manches Mal kehrte ich nach Hause zurück und begann, mich zu betrinken. Mit meinen letzten Kräften wollte ich diesem Gott widerstehen. Oder besser, dem Eingeständnis, Gott zu brauchen. Nicht einmal vor mir selbst wollte ich das zugeben."

Nach einigen Monaten starken inneren Ringens rief Ania Diego Manetti an. Sie bat ihn, in Medjugorje einen Platz für sie zu finden, an dem sie mit einem inneren Frieden leben konnte. Diego fand für sie die Gemeinschaft „Oase della Pace".

„Nachdem ich hier zehn Tage mitgelebt hatte, löste ich mich auch von der letzten Verpflichtung, die mich noch an die Welt band: Ich kündigte meinen Arbeitsvertrag mit einem sehr berühmten Lokal in Porto Cervo. Meine Arbeitskollegen riefen mich an und fragten, was man mit mir gemacht habe. Das könne unmöglich meine eigene Entscheidung sein. Sicherlich habe man mich einer Gehirnwäsche unterzogen. Auf die Frage, was ich denn so den ganzen Tag hier mache, antwortete ich ihnen wahrheitsgemäß: Um 05:00 Uhr morgens stehe ich auf. Es ist die Uhrzeit, um der ich im früheren Partyleben ins Bett ging. Heute beginnt mein Tag mit Beten. Ich füttere die Hühner, schäle Kartoffeln, bügle, reinige die WCs und helfe im Haus. Während dieser Zeit der Zurückgezogenheit vernahm ich wieder die innere Stimme: ‚Ania, lass alles und folge mir!' Daraufhin kehrte ich nach Mailand zurück. Ich verkaufte meinen ganzen Besitz. Mein Verlobter verstand mich und ließ mich frei. Doch meine Freunde glaubten, ich sei völlig durchgedreht. Aber ich habe endlich das einfache Leben gefunden. Und das gibt mir solch einen Frieden, wie ich ihn nie zuvor erfahren habe. Heute kann ich sagen: Ich musste die guten und die schlechten Seiten ausleben, um festzustellen, dass man sich ändern kann. Dass das wirkliche Leben ein anderes ist. Jesus kam und starb für die Sünder, nicht für die gesunden Menschen. Seine Liebe und seine Barmherzigkeit sind so verschwenderisch. Das durfte ich konkret an mir selber erfahren. Deshalb habe ich ihm heute mein Leben geweiht."

GOTT LÄSST SICH BESTECHEN

*Jesus, im Gleichnis vom unehrlichen Verwalter bei Lk
16,1-9 ist es dir einmal wieder gelungen, uns zu verblüf-
fen. So eine Gaunergeschichte, so ein krummes Ding,
das da gedreht wird, erzählst du uns in einem deiner
Gleichnisse. In den Nachrichten sind wir so etwas schon
gewohnt. Da ist einer, der nach heutigen Maßstäben
Betriebswirtschaft und Volkswirtschaft studiert hätte.
Ein leitender Manager eines großen Unternehmens. Als
eine Betriebsprüfung ins Haus steht, wird dem Manager klar, dass seine Misswirtschaft und seine Untreue
gegenüber seinem Konzernchef bald ans Tageslicht
kommen würden. In der Firma hat man schon lange
gemunkelt, dass die Bilanzen nicht stimmen konnten.
Was nun? Der Verwalter behält trotz allem die Ruhe.
Ohne Illusionen überlegt er sich: Als Landwirt auf dem
Acker arbeiten, das kann ich nicht. Meine Muskeln sind
zu schwach. Gärtner oder Bauarbeiter habe ich nicht
gelernt. Betteln will ich auch nicht. Das wäre unter
meiner Würde. Bezogen auf die heutige Situation
droht ihm umgehend Hartz IV. Er müsste sein Auto
verkaufen, sein Haus, seine Alterssicherung aufgeben,*

um Sozialhilfe zu bekommen. Und so ändert er plötzlich von einem Moment zum anderen sein Verhalten. Vorher war er ein gnadenloser Finanzhai, einer, der bei seinen Klienten die Schulden auf den letzten Cent eintrieb, vielleicht auch noch Zinserhöhungen durchdrückte. Jetzt wird er zum Schuldnerberater für seine Kunden. Er ruft sie einzeln zu sich, schaut sich ihre finanzielle Lage an und erlässt ihnen einen Teil ihrer Schulden. Er ermutigt sie zur Urkundenfälschung. Dem einen erlässt er 50 Prozent der Schulden, dem anderen nur 20 Prozent. Er versucht, die Beziehungen, die er durch sein ausbeuterisches Verhalten ruiniert hatte, auf ein neues Fundament zu stellen. Nicht, weil er seine Verfehlung eingesehen hätte. Nur, weil er seine Haut retten will. Dabei hofft er, dass sich Türen öffnen für die Zeit nach seinem offensichtlich bevorstehenden Rausschmiss. Mit diesen gefälschten Schuldscheinen tritt er vor seinen Chef. Zitternd natürlich, seiner Unterschlagungen voll bewusst. Was passiert? Der Herr lobt seinen ungetreuen Verwalter. Deshalb meine Frage an dich, Jesus: Lässt du dich bestechen? Lobst du die Unehrlichkeit? Dient der ungerechte Mammon als Mittel zum Zweck? Führt der direkte Weg ins Himmelreich, wenn wir uns Freundschaften erkaufen? Sollen sich all die Schwarzarbeiter und Steuerhinterzieher freuen? Jene korrupten Beamten, die sich bestechen lassen? Jene Sachbearbeiter, die in den Betrieben über Aufträge zu entscheiden haben und gerne einmal die Hand aufhalten? Bei all diesen Fällen von Wirtschaftskriminalität und Korruption ermunterst du uns mit den Worten: „Macht euch Freunde mit dem ungerechten Mammon!"

In meinem Gleichnis lobe ich zwar den Verwalter. Aber nicht deshalb, weil er als Ökonom schlecht gewirtschaftet hat. Auch nicht, weil ich den Betrug gut finde. Ich nenne ihn ja ausdrücklich ungerecht. Betrug und Manipulation sollt ihr auf keinen Fall nachahmen, weder in frisierten Steuererklärungen noch in falschen Rechnungen zur eigenen Bereicherung. Die bleiben als Verfehlung bestehen. Aber ich lobe den Verwalter für seine Verhaltensänderung. Dafür, dass er einen neuen Anfang mit den ihm anvertrauten Menschen versucht hat. Ohne es zu wissen hat der Geschäftsführer zum ersten Mal menschlich gehandelt, die starren bürokratischen Ordnungen weggewischt, seine Schuldner als Mitmenschen behandelt und an ihnen etwas Gutes getan. Zwar aus falschen Motiven. Aber er hat es getan. Ich will euch freimachen von falschen

Bindungen an Geld und Gut. Ich will euch sagen: Schaut die Klugheit der Kinder dieser Welt an! Davon sollt ihr für euch lernen.

Und worin besteht denn diese Klugheit?

Zunächst einmal darin, dass der Verwalter den Ernst der Lage eingesehen hat. Er erkennt ganz nüchtern: Meine jetzige Existenz ist bald zu Ende. Meine Entlassung ist beschlossene Sache. Bald stehe ich vor meinem Herrn. Dann muss ich meine Geschäftsbücher öffnen und sie ihm übergeben. Und er wird das Urteil sprechen. Das ist in gewisser Hinsicht auch eure Lage. Eure Entlassung aus dieser Welt steht bevor. Keiner weiß, wann sie eintritt. Einmal werdet ihr vor eurem Herrn stehen. Das Buch des Lebens wird aufgeschlagen: „Gib Rechenschaft!" Was der Chef dem Verwalter sagt, das steht auch über eurem Leben. Ich habe euch vieles anvertraut. Eure Lebensjahre und Tage. Eure Zeit und euer Können. Eure Begabungen und eure Erfolge. Eure Schaffenskraft, eure Kinder und eure Mitmenschen. Ja, die ganze Schöpfung. Ihr alle seid zu Verwaltern in meinem Auftrag eingesetzt. Das ist eure Würde. Und dieser Würde

entspricht es, dass mein Vater zu euch sagen wird:
„Gib Rechenschaft!"

*Warum gewährt der Herr dem Verwalter mildernde
Umstände für seine Unterschlagungen? Wie kann aus
falsch richtig werden?*
Jetzt stelle ich dir die Gegenfrage: Ist Dienst
nach Vorschrift immer das Richtige? Ob es in
meinem Gleichnis weniger schockierende, weniger
abrupte Lösungen gegeben hätte, zählt jetzt nicht.
Hier geht es um die eine, grundsätzliche Frage:
Was ist, wenn du heute vor den Stuhl meines Vaters gerufen bist? Hast du immer brav alle Regeln
befolgt, genau getan, was dir gesagt wurde oder hast
du nach eigenem Gewissen gehandelt? Hast du den
einzelnen Menschen gesehen, als Nächsten wahrgenommen oder hast du andere Menschen missbraucht, ausgebeutet, ihre Not und ihre Bedürfnisse
ignoriert? Eine Entscheidung ist erforderlich: Wollt
ihr das Geld und seine Regeln an die erste Stelle
setzen oder die Gottes- und Nächstenliebe? Hier
gebe ich euch einen klaren Hinweis: Das Geld ist
ungerechter Mammon. Nichts absolut Wichtiges,
sondern nur etwas Instrumentelles. Der unehrliche

Verwalter als Kind dieser Welt war bisher auf Gewinnmaximierung bedacht, unter Missachtung der Bedürfnisse seiner Schuldner. Jetzt, unter Druck, handelt er mit Menschlichkeit und setzt das Geld als Instrument für das Wichtigste ein, das es unter Menschen gibt: tragfähige Beziehungen.

Willst du damit sagen: Schuld zu vergeben und Schulden zu erlassen, einem Volk wirtschaftliches Überleben zu ermöglichen sind die Voraussetzung für jede tragfähige Friedensordnung?

Ganz genau! Ich erinnere euch an den „Versailler Vertrag" am Ende des Ersten Weltkriegs, der dies furchtbar deutlich gezeigt hat: Kein großzügiges Vergeben und kein Neubeginn für alle, sondern ein penibles Aufrechnen von Reparationen und fälligen Zahlungen hat das Aufkeimen von Vertrauen zwischen Deutschland und Frankreich von Anfang an unmöglich gemacht und schließlich zum Zweiten Weltkrieg geführt. Im Blick auf das größere, übergeordnete Ziel eines dauerhaften Friedens ist der richtige Umgang mit dem „ungerechten Mammon" gefragt. Für die gerechte Weltordnung, die mein Vater will, wäre ein EU-Beitritt des Iraks besser gewesen als Feldzüge gegen das Böse, aus denen nur immer mehr Unfrieden und Unglück erwuchsen.

Ich sehe, in deinem Gleichnis vom unehrlichen Verwalter steckt eine Menge Optimismus, eine Menge Glauben an das Gute im Menschen, ein Stück Vertrauen, das du stets auch den Sündern und den Schwachen entgegenbringst.

Ja, ich bin zu ihnen gegangen. In die schmuddeligen Buden der Zöllner. In die überparfümierten Salons der Huren. In die bescheidenen Hütten der ganz Armen. Mit den Augen der Barmherzigkeit habe ich all diese Weltkinder angesehen.

So ist deine Theologie immer eine Theologie der Begegnung mit dem Menschen.

Und es ist eine Theologie gegen die Ausbeutung, gegen die Vorherrschaft des Geldes in der Welt. Schon mein Prophet Amos spricht seine Warnung an die aus, „die ihr die Armen unterdrückt und die Elenden im Land zugrunde richtet", die „das Maß verringern und den Preis steigern und die Waage fälschen" (Am 8,4-7). So geht es also darum, nicht den blinden Regeln der Marktwirtschaft, sondern der Logik der menschlichen Beziehungen zu folgen. Dabei sollt ihr meinem Vater und seiner Welt- und Werteordnung den ersten Platz einräumen, auch wenn dies scheinbar den gesetzten Regeln eures Wirtschaftsdenkens widerspricht. Anderen das Leben leichter machen ist wichtiger als starre Pflichterfüllung. Der Verwalter will nur seinen Kopf aus der Schlinge ziehen, aber er hat die richtigen Prioritäten gesetzt. Durchaus mit Weltklugheit.

Wie soll ich das verstehen?

Es ist nicht die Raffinesse, mit der der ungerechte Verwalter vorgeht. Sondern er hat klug gehandelt, indem er langfristig gedacht hat, die Folgen seines schuldhaften Verhaltens im Blick und gut vorbereitet auf seine veränderte Lage. Klug sein heißt also: seine aussichtslose Lage begreifen und dann das einzig Richtige tun, bevor es zu spät ist. Ist euer Leben nicht auch so etwas wie anvertrautes Gut? Seid ihr nicht auch Verwalter? Verwalter Gottes? Natürlich dürft ihr auch von den Gütern meines Vaters, eures Schöpfers, leben. Aber es ist nicht in seinem Sinne, wenn ihr seine Werte verschleudert, missbraucht oder egoistisch nur für euch verwendet. Auch ihr müsst eines Tages eure Bücher vorlegen und Rechenschaft geben für euer Tun und Lassen, Reden und Denken, Schweigen und Vortäuschen.

Wir sollen uns also sorgen für die Zeit nach dem Tag X?
Als Kinder in dieser Welt seid ihr doch auch alle für Vorsorge. Ihr sorgt vor für die Gesundheit. Ihr lasst euch impfen, schluckt Tabletten und Pillen gegen alle möglichen Wehwehchen. Ihr sorgt finanziell vor: Altersvorsorge, Versicherung gegen Brand und Unwetter, Diebstahl und Unfall. Ihr versichert euer Reisegepäck und euren Hausrat, eure Krankheiten und euer Sterben. Müsst ihr nicht als Kinder des Lichts da genauso vorsorgen und alles daransetzen, um sicherzustellen, dass ihr einmal mit dabei seid in meiner Herrlichkeit? Da geht es nicht nur um ein paar Jahre oder Jahrzehnte, sondern um die Ewigkeit. Das ist der Punkt, den ich hier meine mit meinem etwas zweifelhaften Vorbild in diesem Gleichnis. An die Zukunft, an die Zeit danach zu denken und zu tun, was nötig ist. Unverzüglich. Nicht aufschieben. Ihr habt nicht beliebig viel Zeit.

Was meinst du eigentlich genau damit, wenn du uns einlädst: „Macht euch Freunde mit dem ungerechten Mammon, damit, wenn es zu Ende geht, sie euch aufnehmen in die ewigen Hütten."?

Damit meine ich das ewige Reich meines Vaters. Der ungerechte Mammon kann nie gerecht sein. Aber er kann euch dienen als Mittel, um in der Welt Gutes zu tun. Darum sollt ihr ohne Falsch wie die Tauben sein. Nicht Falken! Den Bedürftigen helfen, Freundschaft stiften, Frieden halten. Und das alles mitten in der ungerechten Welt, beherrscht vom Mammon, gezeichnet von zerstörerischen Kriegen. Ihr sollt Zeugnis ablegen für diese ganz andere Weltordnung, die ich euch vorgelebt habe und zu der ich euch berufe. Zu einer Welt des Friedens, der großzügigen Liebe, der Solidarität und Gerechtigkeit. Dabei sollt ihr euer Leben auf etwas setzen, das nicht euch gehört, sondern mir, eurem Herrn. Auf meine Liebe, mein Leben, meine Gaben, meine Vergebung. Wenn ihr davon lebt, wenn ihr das einsetzt, wenn ihr euch damit Freunde macht, dann handelt ihr wirklich klug und weise. Darum geht es hier, dass auch ihr so realistisch seid als Kinder des Lichts. Ihr sollt eure Schuld nicht verdrängen, sondern euch damit an mich wenden. Ihr dürft mich um Vergebung bitten. Auch wenn auf euren Schuldscheinen hohe Summen stehen. Hundert Sorgen. Hundert Zweifel. Hundert Empfindlichkeiten. Hundert Gemeinheiten. Hundert Lügen. Hundert Lieblosigkeiten jeden Tag. Hundert hochmütige Gedanken. Hundert Geizigkeiten. Bringt sie zu mir. Gebt mir euren Schuldschein. Ich streiche die Zahl und schreibe Null dafür. Das ist die Klugheit, die ihr als Kinder des Lichts den Kindern der Welt abschauen sollt. Jetzt ist die Zeit der Gnade. Meine Vergebung befreit euch. Meine Vergebung ist für jeden Tag neu das dringendste und für die Zukunft wichtigste Anliegen.

Millionenbetrüger findet
im Gefängnis zu Gott

Als Sohn eines Polizisten in Fürstenfeldbruck war für den Buben Josef Müller der Märchenwald Grafrath, unweit vom Ammersee, ein Begriff. Der geldfreudige Betreiber hatte eine Art Legoland im Kleinen geschaffen. Ein Erholungsparadies für Kinder. Allerdings konnten sich nur begüterte Familien die horrenden Eintrittspreise leisten. Ein paar Dutzend Kinder unterhielten das Ganze in einem System von Kinderarbeit. Eines davon war Josef Müller.

„Im Alter von zwölf, dreizehn und fünfzehn Jahren schuftete ich einen Großteil meiner Freizeit im Märchenpark. Für zwei Mark die Stunde. Ich konnte mich allerdings nur schwer unterordnen. Irgendwie war ich schon immer gerne Chef. Ich dachte wie der Boss, rechnete wie der Boss, verglich Ausgaben mit Einnahmen. Die anderen Kinder schauten mich verwundert an: Wie tickt der Josef?"

Und bei Josef tickte es im Oberstübchen, während der Märchenwald-Betreiber die Kohle ohne Ende einsackte: „Aha, wir Kinder machen ihm die Schmutzarbeit! Für zwei Mark pro Stunde. Das geht nicht. Also habe ich die anderen Kinder aufgewiegelt. Hab mir Tricks ausgedacht, wie wir unseren kärglichen Verdienst aufbessern konnten. Manchmal haben wir Billetts einfach zweimal verkauft. Aber das reichte mir nicht. ‚Der macht so ein Riesengeschäft an Ostern‘, hetzte ich gegen Mister Märchenwald. ‚Jetzt machen wir eine Revolution!‘ Am Ostersamstag baute ich mich vor unserem Herrn und Sklaventreiber auf und ließ ihn wissen: ‚Es gibt jetzt für alle Kinder einen Hunderter bar auf die Hand oder sie können Ihren Laden an Ostern alleine betreiben.‘ Der Märchenonkel riss die Augen auf, bevor er platzte: ‚Saubande, elendige! Ich entlasse euch alle!‘ Dann eben nicht. Ich ging. Aber ich wartete mal vor seiner Türe noch ein Weilchen. Kaum waren zehn Minuten vergangen, stürzte er aus seinem Büro: ‚Okay, gut, ich mach das, ich zahl es euch am Abend aus!‘"

Auf eine Auszahlung am Abend ließ sich jedoch Josef nicht ein. Er kannte die Schliche des

Märchenonkels. Deshalb forderte er die hundert Flocken sofort. Bar auf die Kralle für alle vierzig mitarbeitenden Kinder. Sonst würden sie alle die Arbeit auf der Stelle niederlegen. Tausende von Besuchern waren bereits auf der Anlage. Innerhalb von zwanzig Minuten gab es tatsächlich die vereinbarte Sonderzahlung, aber auch einen Rausschmiss für alle Kinder. Noch am gleichen Abend.

„Am nächsten Tag, einem herrlichen sonnigen Ostersonntag, kam ein ebenso reu- wie kleinmütiger Anruf, ob wir denn, hm, nun ja ... unter gewissen Umständen nicht doch wieder ... ‚Okay', ließ ich den Märchenwaldboss wissen. ‚Aber nur für eine Wiedereinstiegsprämie von hundert Mark.' Wir bekamen sie."

Bald entwickelt der junge Kleinstädter Josef Müller eine Vorliebe für schnelle Autos. Mit seiner ersten Freundin verunglückt der 18-Jährige 1973 auf der Heimfahrt von einer Landsberger Diskothek in einem Ford Mustang schwer. Er landet querschnittsgelähmt im Rollstuhl. Was andere deprimiert hätte, spornt ihn an. „Meine Behinderung hat mich nie gestört. Ich sah sie als Herausforderung an. Ich wurde Steuerberater, machte den

Pilotenschein, sämtliche Bootsführerscheine und sprang sogar mit dem Fallschirm ab. Ich wollte mir beweisen, dass ich der Größte war."

Josef Müller bei einem Empfang mit Prinz Charles.

Je mehr Müller sein Leben beschleunigt, desto mehr verliert er jegliche Skrupel. Binnen kurzer Zeit besitzt der Mann im Rollstuhl Anfang der 90er Jahre vier Kanzleien mit fünfzig Mitarbeitern und etliche andere Firmen. Beflügelt vom Kokain lässt Josef es krachen, genießt dank seines schnell erworbenen Vermögens das volle Programm von Champagner-Orgien bis hin zu teuren Callgirls. Um sein maßloses Ego zu befriedigen, umgibt er sich mit mehr oder minder glitzernden Gestalten wie Gloria von Thurn und Taxis, die al-Gaddafi-Familie, Roberto Blanco. Prinz Charles lädt den neureichen Münchener jährlich zu seinen Festen ein.

„Das Geld in Kombination mit meinem Rollstuhl öffnete mir viele Türen."

In der BILD-Zeitung und anderen Boulevard-blättern ist Josef Müller kein Unbekannter. Immer adrett gekleidet. Mit Schnauzbart. „Champagner Müller" nennt ihn die Regenbogenpresse. Sein extravagantes Leben finanziert er durch Betrügereien in Millionenhöhe: eine Villa, eine Autoflotte. Dazu gehörten ein schwarzer Rolls-Royce mit weißem Fahrer und ein weißer mit schwarzem Chauffeur, eine Jacht und die Gunst schöner Damen mit teuren Wochenenden auf seiner Luxusjacht. Was zählte schon ein Tausender für eine Flasche Dom Pérignon Schampus oder 10.000 Euro für neues Outfit.

„Wenn ich am Wochenende Party machte, nahm ich immer 20.000 Euro als Taschengeld mit." Josef

Müller, der Kraftprotz im Rollstuhl, der clevere, unorthodoxe Geschäftsmann, der aus dem Nichts kam, besaß einen untrüglichen Riecher für Erfolg. Josef Müller, der Selfmademan, der im wirtschaftlichen Sinn durch jede Wand ging. Josef Müller, der Botschafter von Zentralafrika, Konsul von Panama, der Mann von Welt, der sich aus kleinen Verhältnissen in den internationalen Jetset hochgebeamt hatte. Josef Müller, der Genussmensch und Frauenliebhaber.

Seit seiner Jugend war er der Logik des Geldes gefolgt. Anfangs ging es ihm dabei weniger um das Geld an sich. Money kam ihm nur als ein Nebeneffekt gelungener Geschäfte vor. Wo immer er hinkam, checkte er die Läden. Meist sah er ihnen auf den ersten Blick Erfolg oder Misserfolg an. Einmal besuchte er eine Disco, blieb aber an der Küche hängen. Wie kompliziert die da die Schnitzel zubereiteten! Das war ja total irrational! Josef fragte sich nach dem Geschäftsführer durch und wies ihn auf die ineffizienten Arbeitsabläufe hin. „Mann, so konnte man doch kein Geld verdienen!' Der gute Mann schaute mich an wie ein Auto. Aber er nahm meinen Rat ernst. Vor allem aber interessierte mich die Anerkennung, die sich in der Währung Geld ausdrückte und das Machtspiel damit."

Josef Müller, der ohnmächtige Mann im Rollstuhl, konnte Millionen bewegen. Als Steuer- und Anlageberater belustigte ihn heimlich die Gier, die seine Kunden hinter ihren Sonnenbrillen versteckten. Müller wusste, er konnte sie befriedigen, konnte ihren Schotter vermehren, konnte sie reich machen. Das bewirkte einen satten Klang in seiner Seele. Der Spruch „Haste was, dann biste was" wurde zu seinem Lebensmotto.

In den 90er Jahren gründet Müller den Verein „handiCap – gemeinsam geht's besser" und gibt ein Hochglanzmagazin für Behinderte heraus. Vom damaligen Ministerpräsidenten Edmund Stoiber wird er dafür geehrt und 1996 in den Kaisersaal der Residenz eingeladen. Es ist Balsam auf die rastlose Seele des Ruhmsüchtigen.

Woher kam eigentlich sein Reichtum?

„Ich machte einfach dort weiter, wo ich in meiner Jugend begonnen hatte. Getrieben vom Müller-Ehrgeiz. Getrieben von der Lust, es meinem Vater zu zeigen und allen anderen, die mich für einen lebensunfähigen Krüppel hielten. 1975 besaß ich mit zwanzig Jahren bereits genug Geld, um einen eigenen Schallplattenladen in Fürstenfeldbruck eröffnen zu können. Als die Firma wenig später richtig gut lief, stieß ich sie mit Gewinn wieder ab. So machte ich es häufig. Der erfolgreiche Betrieb der Unternehmen forderte inzwischen meinen ganzen persönlichen Einsatz. Aber ich hatte keine Lust, mich mit den Personalproblemen und Werbemaßnahmen zu beschäftigen. Ich wollte mehr. Viel mehr."

Mit seinem besonderen Charme im Rollstuhl auf der Überholspur gelang ihm sogar der Aufstieg in Diplomatenkreise. „Mit Dreistheit und einem Schuss Rollstuhl-Feeling habe ich mir das Vertrauen vieler Leute erschlichen. Ich habe ihnen vor Augen gemalt, wie ein Leben in Saus und Braus aussieht: große Villen, wilde Partys, Drogen und viel Sex. Dann machte ich mir ihre Habgier zu Eigen und zeigte ihnen Wege, ihr Vermögen bei mir zu vermehren. Phasenweise bekam ich das Geld regelrecht hinterhergeworfen."

Aber wie denn? Und wie wurde aus dem bodenständigen Unternehmer und Steuerberater ein Betrüger?

„Das Ganze ging nicht von heute auf morgen. Ich war ein fleißiger, ehrgeiziger und ziemlich erfolgreicher Steuerberater. Bald bewegte ich mich im Milieu der Münchener Schickeria, wo man mit dem Geld nur so um sich warf. In diesen Kreisen konnte man mit großen Autos, schnellen Booten, Klamotten, Schmuck und einem ausschweifenden Partyleben Eindruck schinden. Das wollte ich. Mir ging es weniger um das Geld als um den Einfluss, den ich damit ausüben konnte. Richtig viel Geld verdiente ich später mit riskanten Finanzspekulationen an der Börse. Investoren aus ganz Europa setzten auf mein Anlagetalent und überwiesen mir hohe Geldbeträge. Auch ohne vertragliche Absicherung. Ich merkte schnell: Wenn man den Leuten eine plausible Geschichte erzählen kann, investieren sie. Die hohen Renditen, die ich anpries, konnte ich anfangs ja tatsächlich erzielen. Diese brachten meine Investoren dazu, das Risiko auszublenden und stattdessen bereits zu träumen, welche Nobelkarosse sie sich als Nächstes leisten würden. Man hat meine Telefonnummer damals am Golfplatz unter der Hand weitergegeben mit dem Hinweis, dass man beim Steuerberater Müller

Geld anlegen kann und wie es sich wundersam vermehrt. Das war natürlich hoch riskant und spekulativ. Über Jahre funktionierte das System richtig gut. Manche Anleger haben mir 100.000 Euro überwiesen und nach einem Jahr 220.000 Euro zurückbekommen. Die singen bis heute Loblieder auf mich. Doch eines Tages hat mich einer meiner besten Freunde zusammen mit zwei Komplizen übers Ohr gehauen und mein Anlagekonto mit den Fremdgeldern leer geräumt."

Von einem amerikanischen Mafiaboss bekam Müller den Auftrag, 40 Millionen Dollar gewinnbringend in Deutschland anzulegen. „Ich schleppte das Bargeld in sechs Samsonite-Koffern von Miami nach München. Dort zahlte ich es bei einer großen Bank ein. Geblieben ist mir nichts. Der Mafiaboss sah das anders und drohte mir, einen Killer zu schicken."

Auch mit seinen anderen Aktivitäten geht es den Bach runter. 1994 wird Müller in München wegen Bankrotts, Konkursverschleppung, Kreditbetrugs, Untreue und Steuerhinterziehung zu viereinhalb Jahren Haft verurteilt. Doch der gewiefte Gauner hat Glück. Weil ihm eine hohe Pflegebedürftigkeit bescheinigt wird, findet sich kein Platz in einer bayerischen Justizvollzugsanstalt. Müller bleibt frei und kurbelt die Geschäfte sofort von Neuem an.

„Ich fühlte mich unangreifbar. Ich wurde zu meinem eigenen Gott. Ich dachte: Was kann mir die Justiz anhaben?"

Nach einer abenteuerlichen Flucht über London und Miami wird der Millionenjongleur in Wien gefasst. 2007 verurteilt die 6. Strafkammer des Landgerichts München I den 58-Jährigen wegen millionenschweren Anlagebetrugs zu fünf Jahren und drei Monaten Haft.

„Im Gefängnis zu sitzen ist schrecklich. Ich weiß noch, wie am ersten Tag meiner Haft die Tür hinter mir zufiel. Sie hatte von innen keine Klinke. Ich fühlte mich ohnmächtig. Ich dachte: Was, wenn es jetzt brennt? Das Schlimmste aber war der Statusverlust. Ich hatte mein Leben lang bestimmt, was gemacht wird. Ich, das Alpha-Tier. Dann, plötzlich, musste ich nach der Pfeife eines Aufsehers tanzen, der vielleicht halb so alt war wie ich und der mich von oben herab behandelte. Erst wurde ich wütend. Dann verstand ich, dass ich ein Mensch einer anderen Kategorie geworden war.

Dann wird es Nacht, die Tür fällt wieder zu und du bist allein. Ich habe viel gegrübelt. Jede Nacht. Das war hart. Es ist leicht zu akzeptieren, dass du das Gesetz gebrochen hast. Aber es dauert sehr lange, bis du dich deinem nackten Ego stellst. Bis du verstehst, warum du so geworden bist. Warum du ein Verbrecher bist. Daran zerbrechen viele. Ich hatte einmal einen Siemens-Manager mit auf der Zelle. Er war für den Schmiergeldskandal mitverantwortlich. Ein einst mächtiger Mann. Nun saß er da, auf der Bettkante, und hatte Weinkrämpfe. Allmählich begann ich zu verstehen, warum ich nie zufrieden war. Selbst als ich 40 Millionen Euro auf dem Girokonto hatte. Ich war nie glücklich. Ich musste es immer allen beweisen, in allen Lebenssituationen top zu sein."

Als Josef Müller im August 2010 aus der Haft entlassen wird, ist er ein anderer Mensch. Denn inzwischen begann der Millionenbetrüger zu begreifen, dass er sich letztendlich selbst betrogen hatte. Weil die Menschen nicht ihn, sondern nur sein Geld geschätzt hatten. Heute verkündet der Fast-Mittellose das Wort seines Herrn und hält Vorträge über die zerstörerische Wirkung der Gier.

Ohne Koks und Kohle ist Josef Müller für die Schickeria so uninteressant wie der Korken einer leeren Champagnerflasche. Bei ihm ist nichts mehr zu holen. Müller lebt von einer kleinen Rente in seinem Elternhaus in Fürstenfeldbruck. Sein abgetragener blauer Sakko hat schon bessere Tage gesehen.

„Viele Menschen, die mir vertrauten, haben durch mich ihr Geld verloren. Das trifft mich immer noch sehr und ich habe Schuldgefühle, die ich auch nicht mit meinem Haftaufenthalt von fünf Jahren und vier Monaten wettmachen kann. Der finanzielle Schaden bleibt ja. Ich bin pleite und habe zehn Millionen Euro Schulden! Im Spiegel kann ich mich nur deshalb noch anschauen, weil ich im Gefängnis zum Glauben gefunden habe. Ich weiß, dass Gott mir meine Schurkenstücke vergeben hat. Meine Gläubiger können sich davon natürlich nichts kaufen. Ich entschuldige mich von Herzen bei ihnen. Eines meiner größten Anliegen ist es, persönlich reinen Tisch zu machen."

Aber wie kam bei ihm die Erkenntnis, dass es Gott gibt und er eine Rolle in seinem Leben spielen soll?

„In der dunkelsten Zeit meines Lebens hat mich dort sein Licht erreicht. Manchmal werde ich gefragt, ob es wohl zum Plan des Allerhöchsten gehört, dass ich erst viele Menschen betrügen musste, um dann von Gott zu erzählen? Sagen wir es einmal so: Unser Gott ist sehr kreativ und schöpfungsreich. Hätte ich ein paar Flaschen Wodka beim Kaufmann geklaut und wäre dann bekehrt worden, hätte es weniger Aufmerksamkeit erregt. Natürlich kommen Betrug und Gesetzesverstöße nicht von Gott, aber er kann das Schlechte in etwas Gutes verwandeln. Und er verlässt dich nie. Als ich mutterseelenallein im Gefängnis saß, nach meinem protzigen Lebensstil bei den Schönen und Reichen, war niemand mehr für mich da. Meine Frau verließ mich mit meinem ehemaligen Bodyguard. Meine Mutter starb und mein Vater war dement. Die Reichen wollten nichts mehr mit mir zu tun haben. Da bekam ich eine Bibel in die Hände und las Jos 1,9. Dort steht sinngemäß, dass Gott immer mit mir ist, wo ich auch bin. Dieser Satz aus dem Alten Testament gab mir so viel Kraft wie noch nie ein Wort zuvor. Diesen Gott wollte ich kennen lernen. Ich begann im Gefängnis ein theologisches Fernstudium und lernte dabei, dass Gott die Liebe ist und er mich nur um meiner selbst liebt und ich ihm nicht mit schnellen Autos, Jachten und Luxus imponieren kann. Das beeindruckte mich so, dass ich ihm durch Jesus mein Leben übergab und ein neues Leben in Zufriedenheit begann. Und das ist viel mehr wert als alle Kohle dieser Welt!"

GOTT IST UNFAIR

Jesus, in deinem Gleichnis vom verlorenen Sohn bei Lk
15,11-32 habe ich den Eindruck, dass du da zwischen
den Stühlen sitzt. Wolltest du gerecht sein, so könnten
wir vor dir nicht bestehen. Aber andererseits scheint das
Verhalten des Vaters seinem ältesten Sohn gegenüber
unfair. War doch dieser immer seinem Vater treu erge-
ben und ließ sich nichts zuschulden kommen, während
der Jüngere sein ganzes Vermögen verschleuderte und
jetzt als Papas Liebling behandelt wird.

Sei mal ganz ehrlich mit dir: Selbst wenn du
immer treu meine Gebote befolgt hast, selbst wenn
du kein Hallodri bist, enttäuschst und verletzt du
nicht tagtäglich andere? Mal leicht, manchmal
auch schwer? „Du bekommst, was du verdienst",
sagt euer Volksmund. Aber würde ich Schuld mit
Strafe bezahlen lassen, müsste ich euch alle zur
Rechenschaft ziehen. „Der Preis der Schuld ist
der Tod", bringt es mein Apostel Paulus auf den
Punkt. Wenn ich stattdessen euer reuiges Herz
erhöre, wenn ich euch die Schuld vergebe, dann

handle ich nach euren Rechtsbegriffen ungerecht. Aber ich handle für euch erlösend!

Das bedeutet also, dass du die Schuld nicht ausgleichst, sondern durch Vergebung den Teufelskreis von Schuld und Gerechtigkeit durchbrichst. Jetzt verstehe ich, warum Paulus schreiben kann: „Die Menschen halten Gottes Gerechtigkeit für unlogisch." Du denkst also nicht juristisch. Du sorgst nicht für einen Ausgleich der Interessen, Auge um Auge, Zahn um Zahn. Du durchbrichst durch deine Barmherzigkeit die Spirale der Gewalt. Trotzdem frage ich dich: Wäre es nicht besser gewesen für den jüngeren Sohn, sich in der Wüste zu verirren, als in jenem halbseidenen Milieu seine Würde zu verlieren? Was für ein sozialer Abstieg: vom Prostituiertenfreund zum Schweinehüter zu avancieren. Ein totales Scheitern. Dieser Absturz ins Bodenlose lässt den jungen Mann hart aufschlagen, so dass er sehr unsanft aus seiner Scheinwelt aufwacht. Plötzlich und trotz aller Schwäche kann er in sich Kräfte mobilisieren, den Hebel umlegen. In einem mühsamen Prozess der Läuterung entschließt er sich, zum Vater zurückzukehren. Er will zu Hause nur noch ein bezahlter Tagelöhner sein. Als aber der Vater

ihm entgegeneilt und ihn umarmt, bringt er nur sein
Schuldbekenntnis über die Lippen: „Vater, ich habe
gesündigt gegen den Himmel und vor dir. Ich bin nicht
mehr wert, dass ich dein Sohn heiße." Dann folgt die
Umarmung des Vaters, die ihn weit über einen Tage-
löhner hinaushebt. Damit alle es sehen, erhält er ein
Festtagsgewand und einen Ring. Wäre es nicht klüger
gewesen, der Vater hätte ihm erst nach einer gewissen
Bewährungszeit zum Geburtstag Festtagskleider und
Ring geschenkt? Wäre es nicht eine gute Idee gewesen,
den älteren Bruder anzustiften, ihm diese Geschenke
zu überreichen? Und überhaupt: Wie immer war der
ältere Sohn gewissenhaft seiner Arbeit nachgegangen.
Als er am Abend müde nach Hause kommt, merkt er,
dass da eine Party in vollem Gange ist. Warum hat der
Vater niemanden zu ihm aufs Feld geschickt, um ihn
von der Rückkehr seines Bruders zu berichten? Warum
taucht er zufällig auf wie ein ungebetener Gast? Zeigt
sich da nicht wieder ein Versagen des Vaters?

Ich sehe, du bist doch eher geneigt, dich mit
dem älteren Sohn zu identifizieren. Wer aber so
unbestreitbar recht haben will, läuft Gefahr, selbst-
gerecht zu werden. Mein Gleichnis vom verlorenen
Sohn möchte die Selbstgerechtigkeit der kleinen

Leute durchbrechen. Ihr dürft euch ruhig eingestehen, dass in eurem eigenen Leben vieles verloren gegangen ist. Manche eurer Lebenspläne gehen in die Brüche. Manche Beziehungen scheitern. Manchmal misslingt die Versöhnung mit Eltern. Anlagen kommen nicht zur Entfaltung. Sehnsüchte stranden. Vieles bleibt in eurem Leben Fragment. Manche von euch leben so allein wie der verlorene Sohn in der Fremde. Wo immer aber das Verlorene gefunden wird, da ist nicht nur im Himmel, sondern auch auf Erden Freude. Diese Umkehr ist keine finstere Bußzeremonie. Sie ist ein Freudenfest. Dann fällt in euer Leben ein Funke Ewigkeit. Dann habt ihr schon einen Fuß in die neue Welt gesetzt. Weil euer Vater im Himmel darauf vertraut, dass seine Freude über eure Umkehr auch euch verändert. Er vertraut auf die motivierende und verändernde Kraft dieser Freude.

Willst du uns mit diesem Gleichnis Mut machen, absolut auf die Barmherzigkeit deines Vaters zu vertrauen? Trotz all unserer Fehler und Versagen?

Sagt nicht: Meine Schuld ist so groß. Gott kann mir nicht verzeihen! Sofort weg mit solchen Gedanken! Ihr sollt auch nicht wie der ältere Sohn diese Barmherzigkeit des Vaters argwöhnisch verfolgen. Das Haus meines Vaters, der Himmel, gehört euch nicht. Manche glauben schon, drinnen zu sein und sprechen das Urteil über andere. Mein Vater ist es, der darüber entscheidet. Also urteilt nicht! Seid auch nicht neidisch! Vertraut immer auf die übergroße Barmherzigkeit des Vaters!

Dann geht es in deinem Gleichnis letztlich um die beiden verlorenen Söhne?

Sehr gut beobachtet. Ist doch jeder auf seine Weise verloren. Der jüngere Sohn ist verloren in der Gier nach Freiheit, nach Genuss, nach Selbstverwirklichung, nach Sex. Der ältere Sohn ist verloren in seinem Groll und in seiner Bitterkeit. Der Jüngere ist heimgekehrt und wieder lebendig geworden. Der Ältere steht abseits. Obwohl er immer beim Vater war, ist er doch distanziert und bleibt im Dunkeln.

Welche Gedanken gingen wohl dem älteren Bruder durch den Kopf, während er sah, wie der Vater den Heimgekehrten liebkoste und küsste?

Etwa in dieser Art: Jeden Tag gucktest du dir die Augen aus. Nach dem liederlichen Sohn, der dich verließ, um zu huren und der zu saufen begann. Jeden Tag sah ich deine tränenverquollenen Augen. Dabei hast du mich aus dem Blick verloren. Weil du nur nach ihm schautest, der dir so weh tat. Das schmerzte mich so sehr. Weil du mich nicht mehr sahst. Du sahst nicht, wie ich arbeite. Wie ich mich abrackere und schwitze. Du siehst nicht, was ich für dich tue. Damit der Hof läuft. Damit wir Nahrung haben. Kein Lob, kein gutes Wort hast du für mich übrig. Keine Zeit, die du mir schenkst. Dein ganzes Fühlen und Denken gilt dem Fortgelaufenen. Hast du mir jemals Liebe gezeigt? Bist du stolz auf meine Arbeit? Ein Lächeln, ein Gedanke, Zeit allein für mich? Doch alles gehört ihm. Selbst deine Tränen. Es schmerzt zu sehen, wie sehr du ihn liebst. Ich fühle mich eher als Knecht und nicht als dein Kind. Mein Schmerz, der mir täglich das Herz durchbohrt, ist so groß wie mein Hass auf ihn. Er verließ und verletzte dich. Und wird jetzt dafür belohnt. Ich blieb und arbeite. Und werde bestraft. Mit deiner Nichtbeachtung, deinem Liebesentzug. Das ist einfach unfair!

Wenn ich mir ehrlich einen Spiegel vor Augen halte,
dann finde ich mich in beiden Söhnen wieder.

Deine Selbsterkenntnis ist lobenswert. Auch
wenn das Verlorensein des Älteren schwerer zu
fassen ist. In ihm sind die gemeint, die immer
lieb zu Hause sind. Verlorene ältere Söhne und
Töchter fühlen sich vernachlässigt, übergangen,
gekränkt. Sie nörgeln, sind neidisch und ihr Herz
ist bitter geworden. Sie tun ja richtige Dinge. Sie
sind gehorsam, pflichtbewusst, gesetzestreu und
fleißig. Nach außen sieht ihr Leben fast heilig aus.
Sobald sie aber merken, wie ausgelassen und froh
der Vater ist, weil der jüngere Sohn wieder da ist,
da bricht in ihnen das Böse auf. Plötzlich zeigt
sich hinter dieser makellosen Fassade ein stolzes,
herzloses, egoistisches Wesen. Verärgert fühlt der
ältere Sohn sich zurückgesetzt: „Für den da wird
ein Kalb geschlachtet!" Er kommt von weitem und
hört die Musik. „Was ist da los? – Habe ich was
verpasst? Warum hat man mir nichts davon gesagt,
dass da ein Fest stattfindet?" Die Vergehen des
jüngeren Sohnes könnt ihr leichter festmachen.
Dieser erlebt eine tolle Zeit: „Geld regiert die Welt!"
Was kann man sich nicht alles für Geld kaufen?! Er

genießt seine Freiheit, findet Freunde, mit denen er sein Vermögen bei einem genussvollen Lebenswandel durchbringt. Wer sonnt sich nicht gern in Reichtum und Berühmtheit anderer? Er wird zum Playboy. Eure Regenbogenpresse ist voll von solchen Geschichten! Aber das dicke Ende kommt rasch. Der mutige, aufmüpfige, reiche, bewunderte Fremdling landet in der Gosse: Hungersnot, falsche Freunde, die ihn nicht mehr kennen wollen. Das Geld ist aufgebraucht mit Prassen. Aus dem reichen, bewunderten jungen Mann wird ein armseliger Bettler, ein Schweinehirt, der nicht einmal das Futter mit den Tieren teilen darf. Als er merkt, dass dieses Leben nicht zum Erfolg führt, sondern ins Elend, dass er so ohne den Vater kaputtgeht, kehrt er um und bittet um Vergebung. Er darf neu anfangen.

Was ist schlimmer? Was richtet den größeren Schaden an? Die Gier, die Gottes gute Gaben eigensüchtig verbraucht? Oder die Bitterkeit, die ein Leben nach und nach innerlich vergiftet?

Das eine ist so schlimm wie das andere. Die grenzenlose Güte des Vaters lässt beim Älteren die fromme Maske fallen. Er greift den Vater an, macht ihm massive Vorwürfe. Damit verdreht er die Wahrheit: „Du hast mir nie auch nur einen Ziegenbock gegeben!" Die Wahrheit lautet: „Alles, was du hier siehst, gehört dir!" Der ältere Sohn ist blind für den Reichtum. Er ist blind für die Güte des Vaters. Er sieht im Vater einen, der immer nur fordert. Jetzt, wo sich dieser so grenzenlos barmherzig zeigt, gerät er völlig aus der Fassung.

Muss der Ältere an seiner Selbstgerechtigkeit und Bitterkeit scheitern? Wie kann er aus seinem Neid befreit werden?

Der ältere Sohn kommt aus eigener Kraft nicht zu der Einsicht, was der Vater für ihn bereithält. In meinem Gleichnis geht der Vater hinaus zu ihm. Er bewegt sich auf ihn zu. Er hat nicht nur Sehnsucht nach dem Jüngeren. Er möchte auch den Älteren bei sich haben. „Kind", sagt der Vater zu ihm, „du bist immer bei mir, und alles, was mir gehört, gehört auch dir. Aber jetzt mussten wir doch feiern und uns freuen; denn dieser hier, dein Bruder, war tot, und nun lebt er wieder; er war verloren, und nun ist er wiedergefunden." Der

Vater spricht den Sohn an, während dieser noch zornig in seiner Schmollecke steht und mit Vorwürfen nicht spart. Aber der Vater kontert nicht mit Gegenvorwürfen. Er verteidigt sich nicht. Er reagiert nicht einmal auf die bitteren Worte. Er verliert keine Silbe über die lieblose Art des Älteren. Stattdessen sagt er: „Du bist immer bei mir." Damit macht der Vater unmissverständlich deutlich: Ich liebe deinen jüngeren Bruder kein bisschen mehr als dich. Ich habe mein Leben mit dir geteilt. Ich habe dir nichts vorenthalten. „Mein Kind!", spricht er ihn an. Das hat er zum Jüngeren nicht gesagt. Er sagt nicht: „Mein Sohn!" Der Vater sieht nicht den Leistungsträger, der würdevoll mit Sohn angesprochen wird. „Mein Kind", nennt er ihn, „du darfst einfach mein Kind sein."

Damit stellst du mich indirekt vor die Gewissensfrage: Wie sehe ich mich bei deinem Vater? Bin ich der ältere Sohn, von dem etwas erwartet wird? Oder fühle ich mich als das geliebte Kind?

Fühle dich als geliebtes Kind, was immer auch deine Vergangenheit war. Du wirst um deiner selbst willen geliebt. Als Kind musst du nicht irgendwelche Leistungen vollbringen. Mit wem auch immer du dich identifizierst, der Vater liebt seine beiden Söhne. Aber er liebt sie unterschiedlich. So unterschiedlich wie sie sind. Er sieht die Leidenschaft des Jüngeren. Obwohl er sich durch seine überschwängliche Lebensfreude nicht immer fest im Griff hatte. Er sieht mit der gleichen Liebe und Güte, wie der Ältere gewissenhaft und treu dem Vater dient und wie er ihn damit beeindrucken möchte. Vertrauen ist der erste Schritt in das Haus meines Vaters. Der zweite Schritt ist Dankbarkeit. Wenn ihr Danke sagen könnt, erkennt ihr, dass die Liebe meines Vaters reines Geschenk ist. Vielleicht konnte der Sohn keinen Ziegenbock nehmen, weil er nicht Danke sagen wollte. Vielleicht hat er darauf gewartet, dass der Vater als Belohnung einen Bock rausrückt. Aber mein Vater möchte, dass ihr dankbar seine Gaben genießt. Er möchte nicht, dass ihr berechnend auf Bonuszahlungen wartet, sondern seine Geschenke in Dankbarkeit nehmt. Dann werdet ihr nicht misstrauisch und argwöhnisch denken, dass er euch kurzhalten will. Ihr werdet vertrauen, dass er euch liebt und euch gerne das gibt, was ihr nötig habt. Lasst euch von ihm lieben, egal, ob ihr ältere oder jüngere Söhne und Töchter seid.

Vom Raufbold zum
Wallfahrtspater

Lange war er fest überzeugt: „Das Letzte, was ich sein will, ist Priester!" Mit vier Schwestern und einem Bruder in einer katholischen Familie im Nordwesten der Niederlande in dem kleinen Dorf De Weere aufgewachsen, war Nars Beemster im väterlichen Betrieb für Tulpenzwiebelanbau schon als Kind von den riesigen Landwirtschaftsmaschinen fasziniert. Für ihn stand eines fest: „Später werde ich Spitzentechnologie studieren und dann als erfolgreicher Maschinenbauingenieur meine Träume verwirklichen: Geld, große Villa, tolles Auto und ein sehr schnelles Motorrad."

„In unserer Gegend gab es jedes Jahr von April bis September überall Stadtfeste. Zum Verdruss meiner Eltern war das ‚mein Leben'. Wir Jungs gingen jede Woche aus. Lieber dreimal als zweimal. Mein Auftreten war frech, grob und arrogant. Großspurig gab ich immer wieder mit einer anderen gutaussehenden Freundin an. Vier Jahre lang ging

Nars (zweiter von links) bei einem der Strandfeste,
wo der Alkohol in Strömen floss.

ich zum anstrengenden Boxtraining. Dort konnte
ich meine Wut und Frustration abladen, die mich
oft innerlich quälten. Vor allem aber galt ich als
Boxer in meinem Club als ganzer Kerl, zu dem
man aufblickte; denn mit mir war bei Ausschei-
dungskämpfen der Sieg meist gesichert."

In der Nacht vom 19. auf den 20. August 1990
passierte etwas, das Nars jedoch total aus der Bahn
warf.

„Wir trafen uns mit einer anderen Clique in der Kneipe des Nachbardorfes. Das Bier floss an diesem Abend in Strömen. Es wurde spät. Nach einem ausgiebigen Saufgelage verließen wir das Lokal. Draußen warteten schon einige alkoholisierte Typen ungeduldig auf ihre Taxis. Die Spannung wuchs. Jeder wollte nur noch schnell ins Bett. Ein Streit brach aus. Es kam zu einer Massenschlägerei. Ich geriet hinein, weil Freunde mich zu Hilfe riefen. Als Boxer konnte ich natürlich kräftig zuschlagen. Doch in dieser Nacht war ich so betrunken, dass ich auf die Schläge und Tritte meiner Angreifer nicht einmal mehr reagierte und regelrecht ins Koma geprügelt wurde."

Erst nach eineinhalb Tagen erwachte Nars im Krankenhaus. Einer Blutspur folgend hatte man ihn beim Kircheneingang bewusstlos in seiner eigenen Blutlache gefunden. So hieß es im Polizeibericht.

„Wie ich zum Kirchenportal gelangt war, ist mir bis heute schleierhaft. Mein Gesicht war total zerschlagen. Neben einem mehrfachen Nasenbeinbruch hatte ich schwere Hirnschäden erlitten, die Krämpfe und Zuckungen zur Folge hatten. Eine Lähmung der linken Gesichtshälfte verursachte mir große Sprechschwierigkeiten. Auch ließ sich mein linker Arm nicht steuern. Das linke Bein schleppte ich bei ersten Gehversuchen kraftlos nach. Gleichgewichtsstörungen machten mir das Boxen unmöglich. Als ich das Motorradfahren probierte, fiel ich samt der Maschine um."

Da sich Nars kaum mehr konzentrieren konnte, musste sein Technikstudium vorerst aufgeschoben werden.

„Meine Freunde gingen weiterhin abends aus, doch ich hatte striktes Alkoholverbot. Außerdem fehlte mir die Kraft zum Feste feiern. So blieb ich allein zurück. Fühlte mich im Stich gelassen. Anfangs hoffte ich zwar noch, meinen entgleisten Lebenswandel möglichst bald weiterführen zu können. Doch mein Heilungsprozess dauerte insgesamt mehr als sechs Jahre, wobei ich nie wieder zu meiner ursprünglichen Kraft und Kondition zurückfand. Physisch und auch psychisch war ich ein halbes Jahr nach dem brutalen Angriff am Ende. Meine Gedanken kreisten ständig um den Selbstmord eines früheren Boxkumpels. Dieser hatte sich kürzlich vor einen Zug geworfen. Immer wieder tauchten quälende Fragen auf: Weshalb hat Michel das getan?

Wozu lebe ich eigentlich? Vielleicht ende ich auch noch wie dieser feine Kerl?"

Als zudem noch ein Freund, mit dem Nars früher viele Motorradtouren unternommen hatte, bei einem schweren Unfall einen Arm und ein Bein verlor und für immer gelähmt blieb, wurden seine Verzweiflung und seine Ängste immer größer.

„Eines Nachts stieg ich aus dem Bett, kniete nieder und versuchte mit meinen 21 Jahren mein erstes Herzensgebet: ‚Gott, ich kenne Dich nicht. Aber ich weiß, dass Du existierst. Ich wage es kaum zu sagen und ich verdiene es nicht. Doch ich bitte Dich: Hilf mir!' Da erinnerte ich mich, dass ich in meiner Kindheit zu jeder Sonntagsmesse ging. Warum ich mir das auch als Jugendlicher immer noch ‚antat', war mir selbst ein Rätsel. Oft mit einer langen Bierfahne. Doch nach jener denkwürdigen Augustnacht begann ich nicht nur mein Hightech-Studium, sondern ging bewusst zur Kirche. Dort wurde mir eines Tages etwas Entscheidendes klar: Gott vergibt immer, so dass jeder einen Neuanfang machen darf. Wie von selbst trugen mich meine Schuhe damals zum alten Dorfpfarrer. Bei meiner Lebensbeichte erlebte ich endlich einen befreienden Moment."

Nars heute als Priester am niederländischen Wallfahrtsort
„Maria Not".

Dennoch kostete es Nars enorme Überwindung, seinen Freunden nach fünf Jahren über seine Glaubenserfahrung zu erzählen. Die meinten nur lachend: „Wenn's dir was bringt und du das brauchst, okay. Aber lass uns damit in Ruhe.

Hey, Ober, bitte zehn Bier für uns und ein Glas Weihwasser für Nars!"

„Ich nahm es diesen ‚starken Männern‘ nicht übel, dass es in ihrer Welt, die auch einmal die meine war, keinen Platz für Gott gab. Mir hingegen bedeutete es viel, Jesus und Maria immer mehr den ersten Platz im Leben zu geben. Selbst meine Freundin verstand das nicht. Sie beendete 1995 unsere Beziehung mit den Worten: ‚Du liebst ja Gott mehr als mich.‘"

Intensiv begann Nars, nach seinem Weg zu suchen.

„Was will Gott von mir? Entwicklungshilfe? Nein, das war es nicht. Zu guter Letzt meldete ich mich für das Wintersemester 1996 im Priesterseminar von Haarlem-Amsterdam an. Obwohl ich es dort einfach schrecklich fand. Ich hatte an jedem etwas herumzumeckern. Niemand war gut. Nur ich selbst. Einmal ging ich zu unserem Spiritual mit einer Liste voller Kritikpunkte. Die las ich dem 75-jährigen Pater vor: Das taugt nichts. Die Seminaristen taugen nichts. Das Essen taugt nichts. Die Vorlesungen taugen nichts, weil die Professoren nichts taugen. Zum Schluss sagte ich ihm direkt ins Gesicht: ‚Und

Sie taugen auch nichts!' Daraufhin erwiderte er nur mit einem Satz: ‚Wenn du das nächste Mal wieder deinen beschuldigenden Finger ausstreckst, schau doch einmal auf die eigene Hand, wie viele Finger da gleichzeitig auf dich selbst weisen.' Das war für mich ein furchtbarer Moment. Wenn ich ehrlich zu mir sein wollte, musste ich mir meine eigenen Fehler eingestehen und um Verzeihung bitten."

Als Bischof Punt im Sommer 1996 Nars auf das Priestertum ansprach, war seine strikte Antwort: „Nein, Priester werde ich sicher nicht!" Drei Tage später klingelte das Telefon. Wieder war der Bischof am Apparat. „Wenn du berufen bist und nicht dein Zuhause, Eltern, Besitz und einen neuen Job zurücklassen willst, um Jesus nachzufolgen, wie er es von dir erbittet, dann bist du seiner nicht würdig."

„Das traf mich wie ein Keulenschlag! War ich schon wegen meiner Entscheidung für Gott bei vielen ‚unten durch', so wollte ich doch wenigstens in den Augen Gottes würdig sein. Nach einer schlaflosen Nacht stand mein Entschluss fest."

Am 25. Mai 2002 empfing Nars die Priesterweihe.

„Wenn es auch manchmal nicht einfach ist, das Priestertum zu leben, so bin ich doch innerlich ein glücklicher Mensch. Ich kann mir heute kein anderes Leben mehr vorstellen. Seit Anfang 2012 darf ich als Rektor den niederländischen Wallfahrtsort ‚Maria Not' in Heiloo betreuen. Meine schweren Verletzungen haben damals mein Leben komplett verändert. Der Schmerz verhalf mir indirekt zu meinem heutigen Glück."

GOTT IST PARTEIISCH

Jesus, bei deinem Evangelisten Matthäus lese ich im neunten Kapitel, dass du eines Tages einen Menschen sahst, der an der Zollstätte saß. Und mir nichts dir nichts sagtest du zu ihm: „Folge mir nach!" Tatsächlich stand dieser Mann mit Namen Matthäus auf und ging mit dir. Dass du einen Zöllner berufen hast, ist schon ein ziemlich starkes Stück. Da ging es um einen Menschen, dessen Job es war, andere Leute abzukassieren. Und das tat er auch noch im Auftrag der römischen Besatzungsmacht. Er kollaborierte mit den Feinden des jüdischen Volkes. Schon deshalb war er in den Augen der damaligen Frommen ein „Sünder", weil Zöllner und Sünder für sie ein- und dasselbe war. Und es kam noch etwas hinzu. Weil er die römischen Besatzungssoldaten in seinem Rücken wusste, verlangte er mehr an Zollgebühren als den eigentlichen Tarif. Er selber musste ja schließlich auch noch davon leben. So kassierte dieser Matthäus am Stadttor von Kafarnaum überhöhte Zollgebühren für alle Waren, die in die Stadt hineinkamen und herausgebracht wurden. Deshalb haben ihn alle gehasst. Ein sozial Geächteter:

Meidet jeden persönlichen Kontakt mit dem! Ladet ihn keinesfalls zu euch ein! Lasst euch auch nicht zu ihm einladen! Redet am besten überhaupt nicht mit dem! Verflucht sei er! Zur Hölle mit ihm! Und du ließest dich in das Haus dieses Zöllners zum Essen einladen. Und wer waren dabei deine Tischgenossen? Andere Gauner, Dirnen und sonstiger Auswurf der damaligen Gesellschaft. Damit stelltest du dich selbst religiös ins Abseits. Und wer dein Verhalten aus einem politischen Blickwinkel betrachtete, konnte sogar auf den Verdacht kommen, du machtest gemeinsame Sache mit den römischen Besatzern. Das war in den Augen der Anständigen, der Frommen, der Gesetzestreuen ein Skandal und eine ungeheuerliche Provokation. Das Gleiche verlangtest du auch noch von deinen Jüngern. Das war, wie man heutzutage auf Neuhochdeutsch sagt, ein absolutes No-Go: die Tischgemeinschaft mit religiös und gesellschaftlich diffamierten Leuten, die einen unsittlichen Lebenswandel führten. Das war für die gesetzestreuen und frommen Pharisäer der damaligen Zeit eine unvorstellbare Schande, sich mit solchem Pöbel einzulassen und mit ihnen zu essen. Rümpften sie dann nicht ihre Nasen mit Recht, wenn du dich so

parteiisch zeigtest und du dich ganz eindeutig auf die
Seite der zwielichtigen Typen stelltest?

Ja, ich suchte ganz bewusst den Kontakt mit dem Zolleinnehmer. Ich ging auf ihn zu. Ich habe ihm keine Vorhaltungen über seinen bisherigen Lebenswandel gemacht. Ich habe ihm auch keine Bußpredigt mit einer Latte von Verhaltensregeln gehalten. Ich forderte ihn einfach auf, mir zu folgen. Daraufhin ließ ich mich auch noch von ihm einladen. Im Orient besitzt eine solche Einladung noch einmal einen anderen Stellenwert. Darin wird signalisiert, wer meine Freunde sind, mit wem ich Umgang habe. Ich scheute mich nicht, zu denen zu gehen, die ausgestoßen waren, mit denen niemand etwas zu tun haben wollte, die verhasst waren. Aber ich sah in Matthäus zuerst den Menschen, nicht das, was er war und was seine Umwelt aus ihm gemacht hatte. Damit räumte und räume ich jedem die gleiche Chance ein. Vergesst nicht, ich war auch bei den Frommen und Gesetzestreuen zu Gast. In dieser meiner bedingungslosen Zuwendung zum Menschen drücke ich bis heute meine Liebe und meine Barmherzigkeit zu euch aus. Als Antwort auf meine Kritiker schlug ich sie mit ihren eigenen Waffen. Ich argumentierte nicht gegen ihre Vorwürfe, die gegenüber den Zöllnern und Sündern erhoben wurden. Ich sagte auch nicht, dass alles halb so schlimm sei und sie doch letztlich ganz gute Menschen abgeben würden. Es ging mir nicht ums Schönreden und Verdecken. Ich nannte Sünde immer beim Namen. Aber ich warnte vor Selbstgerechtigkeit und Überheblichkeit. Ich rechtfertigte mein Verhalten unter Berufung auf meinen Vater selbst. „Gott will Barmherzigkeit", zitierte ich aus dem Prophetenbuch Hosea (Hos 6,6). Damit ließ ich die Pharisäer wissen, dass sie in ihrer unbarmherzigen Rechthaberei und in ihrem arroganten Exklusivitätsdenken gleichsam Idioten glichen, die einen Arzt hindern wollten, Kranken zu helfen. Und ich machte ihnen eines klar: Ihr, in eurer vermeintlich korrekten Frömmigkeit, seid blind für den Willen meines Vaters! Es geht überhaupt nicht um eure ganzen Frömmigkeitspraktiken. Das alles bringt vor Gott gar nichts. Von Bedeutung ist allein eure innere Einstellung. Die Gesinnung eures Herzens anderen Menschen gegenüber. Besonders denen gegenüber, die nicht so „stark", nicht so „gerecht" erscheinen wie ihr.

Die aber sehr wohl der Hilfe und der Zuwendung bedürftig sind. Begreift ihr es endlich, lernt ihr es endlich, was das heißt: „Gott will Barmherzigkeit!" (Mt 9,13)?

So ging es also dir nicht so sehr um den Typ Zöllner, sondern um den Menschen Matthäus.

Ganz richtig. Ihr legt gerne Wert darauf, dass die Menschen dem Bild ähneln, das ihr euch von ihnen macht. Ich aber sah Matthäus ohne besondere Merkmale. Abgesehen von dem Merkmal Mensch. Damit ereignete sich eine Sternstunde für ihn. Solche Stunden sind nicht nur die großen Ereignisse, die in den Geschichtsbüchern stehen. Die Autorität meines göttlichen Erbarmens erreichte das Unglaubliche: Der skrupellose Zöllner stand von seinem Arbeitsplatz auf, er ließ sein altes Leben hinter sich und pfiff auf die stattlichen Zolleinnahmen.

Ein Wunder?

Ja, ein großes Wunder. Aber für manche war es anstößig. Dass ich mich ihm zuwandte, hatte nichts mit seinem untadeligen Beruf oder seiner großartigen Lebensleistung zu tun, sondern allein mit dem Leuchten meiner Barmherzigkeit. Darauf konnte Matthäus nur antworten: „Aus Gottes Gnade bin ich, was ich bin." Übrigens heißt der hebräische Name Matthäus übersetzt „Gabe Gottes".

Aber ein wesentlicher Unterschied zwischen damals und uns heute besteht doch sicherlich. Wir bemühen uns, anständig zu leben, die Gebote Gottes zu halten. Uns braucht niemand zu hassen und zu verachten. Kein Superfrommer hat ein Recht, auf uns herabzusehen und mit uns nichts zu tun haben zu wollen. Wir gehen keiner vergleichbar anrüchigen Tätigkeit nach.

Wenn ich tief in euer Herz schaue, muss ich doch sagen: Ist da der Unterschied so groß? Sind nicht alle Menschen, damals wie heute, vor meinem Vater und auch untereinander im Unrecht? Brauchen sie nicht alle – euch eingeschlossen – Vergebung für alles Negative, das sie gewollt, gesagt und getan haben? Stellt euch einmal vor: All eure Gedanken, auch die allergeheimsten, ständen jeden Tag in der Zeitung oder man könnte sie im Internet anklicken. Alles, was ihr tut und je getan habt, würde bekannt gemacht und jeder erführe davon. Wer von euch könnte sich dann überhaupt noch auf die Straße trauen? Das alles aber ist vor mir nicht verborgen! Ich kenne euch und weiß um euch. Ich aber sage zu jedem von euch: Dir kann verziehen werden. Auf dich habe ich gewartet. Dich will ich in meiner Nähe haben. Folge mir nach!

In den anderen Evangelien trägt Matthäus den Namen Levi. Wie kam es dazu?

Matthäus verwendet hier mit seinem anderen Namen einen Kunstgriff, den ihm fast 2000 Jahre später der Filmemacher Alfred Hitchcock nachgemacht hat.

Das verstehe ich nicht.

Hitchcock ist zur Freude des Publikums in seinen Filmen immer irgendwo selber aufgetreten. Matthäus, der Evangelist, sitzt als Levi selbst auf dem Stuhl des Zöllners. Er ist ein Teil dieser Geschichte. Alle, die sich das Essen gemeinsam mit mir schmecken ließen, durften sich mit Matthäus identisch fühlen. In dieser Runde war nichts anderes von Bedeutung. Weder Beruf, Herkunft, Bildung, Vorleben noch Familienstand. All das zählte nichts. Nur dass sie alle, jeder Einzelne, wie Matthäus eine Gabe Gottes waren. Auch alle in deiner Umgebung, die nicht im Evangelium genannt werden, sind damit gemeint: die Schwiegermutter und die Schwiegertochter. Die Nachbarin mit der keifenden Stimme. Der Strafgefangene, der Wachebeamte und der Knastdirektor. Alle sind eine Gabe Gottes. Egal, Ob sie es wissen oder nicht wissen wollen.

Kann denn ein Mensch, der „Gabe Gottes" heißt, ein Sünder sein?
Der griechische Ausdruck hamartia, den ihr mit „Sünde" übersetzt, bedeutet Verfehlen eines Ziels, nicht treffen, verlieren, einbüßen, und ist frei vom Wirkstoff Moralin. Matthäus, dessen Name „Gabe Gottes" ist, konnte trotzdem in die Irre gehen. Er konnte sein Ziel verfehlen, abirren und abschweifen. Er konnte sich verlieren. Und ihr könnt, wie die Pharisäer und alle Besserwisser und Selbstgerechte dieser Welt, ihm neue Namen geben: Versager, Verbrecher, Schmarotzer, Sünder. Ihr könnt ihm aber auch seinen wirklichen Namen lassen: Gabe Gottes. Dann kommt ihr vielleicht auf die Idee,

diesen Matthäus zu fragen: Was konntest du einbringen in unsere Welt? Denn schließlich bist du eine Gabe Gottes. Und er wird euch antworten: Durch die alles überwältigende Barmherzigkeit Gottes durfte ich nicht nur ein Jünger Jesu sein, sondern auch als Evangelist seine Frohe Botschaft der ganzen Welt bekannt machen.

Da drängt sich mir geradezu die Frage auf: Wofür hat Gott mich in die Welt gesetzt?

Auch du darfst den Namen „Gabe Gottes" tragen. In einer Welt, in der sich ein Klima der Verachtung ausbreiten will. Höre einmal auf die Zwischentöne, wenn in der Öffentlichkeit von Lehrern, Politikern, Polizisten, Asylanten, Ärzten die Rede ist. Über alle wird Verachtung gegossen. Meine Einladung an euch ist: Lasst mich in eurer Mitte sein! Geht mit mir! Weckt die Lebenskräfte und aktiviert die Gabe Gottes in euch. Lasst nicht zu, dass bei euch Menschen verachtet werden. Ihr empfangt euer Leben als Gottes Geschenk. Durch meine Barmherzigkeit gewinnt es seinen Sinn. Ihr seid nicht entweder Sünder oder Gerechter. Ihr seid immer beides. Ein Leben lang. Allzu oft seid ihr euch selbst genug. Ihr meint, ihr könnt selbst eurem Leben Erfüllung geben. Ihr wollt an eurer eigenen Biographie ablesen, dass eure Existenz gelungen ist. Ich schaue euch an wie damals Matthäus. Es gibt ein Leben jenseits der Rolle, die ihr euch zudenkt oder auf die ihr euch festlegt. Ihr braucht euch nicht hinter einer solchen Rolle zu verstecken. Ihr dürft so sein, wie ich euch liebe. An euch liegt es, dem Glanz des Evangeliums nicht im Weg zu stehen. Damit sein Leuchten zum Licht wird, an dem sich Menschen orientieren können. Damit meine Barmherzigkeit heute Menschen erreicht und sie ihr Leben neu verstehen. Eure Nachbarn, Freunde und Arbeitskollegen sollen bemerken: Ihr haltet euch nicht für die besseren oder makellosen Menschen. Aber eure Lebensgewissheit stammt aus meinem Erbarmen. Ihr haltet euch an das Geschenk meiner Gnade. Das verändert euer Leben. Dann kann sich das Wunder an der Zollschranke auch heute wiederholen.

Ein Nightclub-Türsteher findet sein Zuhause in der katholischen Kirche

Michel Ruge ist Autor, Schauspieler und Kampfsportler. Abend für Abend arbeitete er als Türsteher für verschiedene Berliner Nightclubs. 2010 veröffentlichte er einen psychologischen Ratgeber für den Umgang mit physischen Angriffen. Sein Lebenstraum: Ich werde Bordellbesitzer wie mein Vater, der in der Rotlichtzone St. Pauli drei Freudenhäuser betrieb. Ruge drehte einen Film über eine anarchistische Kommune, in der er selbst jahrelang lebte.

„Letztes Jahr saß ich noch mit drei nackten Frauen und einer ungeladenen Kalaschnikow in der Kommune in der Badewanne. Heute sitze ich mit meiner Verlobten und meiner Tochter auf der Kirchenbank."

Wie kam es dazu?

„Komischerweise stammen meine ersten Eindrücke der katholischen Kirche aus Mafiafilmen.

Die starken Männer, die stets fromm in die Kirche gingen und nebenbei ein paar Leute abknallten, passten sehr gut in mein damaliges naives, plattes Weltbild."

Eigentlich suchte Michel schon seit seiner Kindheit innerhalb seines christlichen Glaubens Orientierung.

„Obwohl ich während meiner Jugend auf Hamburg-St. Pauli eine katholische Kirche eher selten von innen gesehen habe, erinnere ich mich doch noch an eindrucksvolle Gottesdienste.

Michel Ruge als Kampfsportler.

Jetzt, nach langer Zeit, besuchte Michel mit seiner Verlobten Jessica einmal wieder eine heilige Messe.

„Es war ganz erstaunlich! Denn zum ersten Mal sah ich in Berlin-Wilmersdorf eine Kirche außerhalb von Ostern oder Weihnachten, die an einem ganz gewöhnlichen Sonntag bis auf den letzten Platz gefüllt war. Während der Feier hörte ich Babys brabbeln und Kinder, die einmal fragten, wann denn der liebe Gott nun endlich kommen würde und aus welcher Tür? So lebendig und freundlich hatte ich den Gottesdienst nicht mehr in Erinnerung. Ich war im wahrsten Sinne des Wortes ganz beseelt. Heute erlebe ich in der katholischen Kirche die tiefe Spiritualität, die Ruhe, Gebete, die Beichte, die Eucharistiefeier, überhaupt die heiligen Sakramente, die nicht bloß pure geistige Erinnerungszeremonien bedeuten, sondern körperlich und spirituell eine Realität sind.

Inzwischen hat sich Michel Ruge als katholischer Christ auch firmen lassen.

„In meinem Umfeld erntete ich darüber nicht nur Verständnis: ‚Was willst du bei den Pädophilen?‘, musste ich des Öfteren anhören. Zwar gab es ungefähr genauso viele Glückwünsche wie resolutes Kopfschütteln. Doch die Vehemenz, mit der hasserfüllt über eine der größten Kirchen der Welt und eine der prägendsten Institutionen unserer abendländischen Kultur hergezogen wurde, ist erschreckend."

Ruge ist davon überzeugt, dass die Spiritualität wieder mehr in den Alltag gerückt werden sollte.

„Die Zeit tickt in unserer Gesellschaft immer schneller. Kaum eine Atempause zwischen Arbeit, Sport, Familie, sozialen Netzwerken und dem Rest Privatleben, das immer mehr von Internet und Entertainment verschluckt wird. Permanent wird darüber gegrübelt, wie wieder eine stimmige Work-Life-Balance hergestellt werden könnte. Gern werden in diesem Zusammenhang Meditation, Buddhismus, Yoga, chinesische Medizin und Tai-Chi empfohlen. Aber einen in unserer Kultur an jeder Ecke angebotenen Gottesdienst zu besuchen, steht merkwürdigerweise auf keinem Plan. Dabei ist der Gang zur nächsten Kirche genau dafür gut, sich zu besinnen, abzuschalten, sich ganz auf das Göttliche in sich zu konzentrieren und sich als

Teil einer starken und stützenden Gemeinschaft zu erfahren."

Die Sehnsucht nach dem Authentischen und Unbestechlichen gehört auch zu den Punkten, die Ruge zum katholischen Glauben geführt haben.

„Allein, dass Familien überhaupt mit ihren Kindern zu einem Gottesdienst gehen, ist für viele ja schon zu viel. Wurde in den 50er Jahren noch ziemlich schräg geguckt, wenn eine Familie sonntags nicht zum Gottesdienst erschien, ist heute eher ungläubiges Staunen, fast schon ein verächtlicher Blick angesagt, wenn Gläubige sonntags früh aufstehen. Die Religionsfreiheit endet inzwischen offensichtlich bei der persönlichen Abneigung, die sich in den vergangenen Jahren vor allem aus Negativschlagzeilen gegen die katholische Kirche gespeist hat. Ein jeder wollte möglichst schnell austreten. Viele fühlten sich bestätigt in ihrer vorgefertigten Meinung, dass Mönche und Priester sexuell nicht ganz richtig ticken können. Natürlich macht sich die katholische Kirche durch den Papst und seine teils sehr unpopulären, fast anachronistisch wirkenden Äußerungen immer wieder angreifbar. Im Gegensatz zu den empörten Reaktionen der Öffentlichkeit haben sie mich aber eher beeindruckt; denn in einer so schnelllebigen und oft beliebigen Zeit gilt der Papst genauso als Bewahrer eines Glaubensschatzes. Gerade Franziskus, der durch Gesten wie das Waschen der Füße armer Menschen, durch seine sehr christlichen politischen Forderungen und das mutige Anprangern korrupter Politiker, die Aufkündigung traditioneller Strukturen im Vatikan und das damit verbundene Exkommunizieren aller Mafiamitglieder weltweit, hat es mir noch leichter gemacht, mich dem Katholizismus zuzuwenden. Franziskus zeigt mehr Mut als die meisten lamentierenden Politiker, die sich lieber an faulen Ausreden laben, als mutige Entscheidungen zu treffen. In der katholischen Kirche habe ich zum ersten Mal seit langer Zeit wieder gespürt: Hier bin ich mit meinem Glauben und mir mit Gott an einem Platz ganz verbunden, habe ein geistiges Zuhause gefunden. Jetzt gehöre ich dazu und ich freue mich schon auf den nächsten Sonntag."

Gott setzt sich über alle Grenzen hinweg

Jesus, da lebte nach Mt 8,5-13 in Kafarnaum ein Haupt-
mann. Einer seiner Untergebenen war sehr krank. Der
Offizier galt als Vertreter einer römischen Militärdik-
tatur. Alle, die hinter dir herliefen, waren Juden. Die
Römer wurden als Besatzer von allen gehasst. Zudem
waren sie für die Juden Heiden, mit denen man mög-
lichst keinen Umgang haben sollte. Schon gar nicht
betrat man das Haus eines solchen Menschen. Das
machte einen unrein. Nun kam dieser heidnische
Römer auf dich zu. Er hatte überlegt, ob es nicht doch
eine Hilfe für seinen Adjutanten geben könnte. Da
erfuhr er, dass du dort auf einem Berg in der Nähe von
Kafarnaum mit vollmächtigen Worten den Menschen
Mut gemacht hattest: „Bittet, so wird euch gegeben
werden." Militärs sind in der Regel entschiedene Per-
sönlichkeiten. Deshalb stellte sich der Hauptmann
dir einfach in den Weg und bat dich um Hilfe. Du
hörtest ihn an und gingst unvoreingenommen auf ihn
ein. Dann sagtest du etwas, das allen Umstehenden

die Sprache verschlug: „Ich will zu dir kommen und ih gesund machen." Ich spüre geradezu, welche Brisanz in diesen Worten lag. Alle hätten erwartet, dass du nicht mit so einem Typen reden würdest. Und du tatest genau das Gegenteil. Ein starkes Stück in den Augen deiner Landsleute. Damit hast du alle sozialen Grenzen überschritten, die sonst nie ein Jude übertreten hätte. Was hatte dich dazu veranlasst?

Weil ich als Gottmensch nicht begrenzt bin. Weder auf ein Land noch auf ein Volk oder eine Region bezogen. Grenzen der Rasse, der Nation und der Religion gelten nicht vor mir. Weil ich eine Schwäche für die ganze Menschheit habe. Außerdem habe ich ein Lieblingswort.

Und das wäre?

Demut. Sagte doch der Hauptmann: „Herr, ich bin nicht wert, dass du unter mein Dach gehst." Das klingt schon demütig. Da macht sich einer klein.

Doch was hat Demut mit klein machen zu tun?

Seine Demut bestand darin, dass er sich vor mir neigte. Er sprach mich mit Kyrios, mit Herr, an: „Herr, mein Knecht liegt zu Hause und ist

gelähmt und leidet große Qualen." Darin schwingt
Ehrfurcht, Anerkennung und höchste Wertschätzung mit.

*Während dieses kurzen Wortwechsels mit dir musste der Offizier ganz plötzlich etwas begriffen haben:
Dieser Jesus gehört nicht zu jenen mehr oder weniger
fragwürdigen Wunderheilern, die die Jahrmärkte unsicher machen und vor allem den Wundergläubigen das
Geld aus der Tasche ziehen. Dieser Jesus ist anders. Da
kann auch ein Offizier nicht mithalten. Hier braucht
es keinen Hausbesuch, sondern nur ein Wort und sein
kranker Diener ist geheilt.*

Ja, er hatte entdeckt, dass ich an Gottes Macht
Anteil hatte. Damit erkannte er mich als den an,
der in Gottes Auftrag handelte. Er sah in mir Gott
in menschlicher Gestalt vor sich. Etwas, das all
den anderen Umstehenden verborgen war. Deshalb konnte er mich nicht herbeizitieren und mir
befehlen, ich solle in die Kaserne kommen, um zu
beweisen, was ich als Wunderheiler alles konnte.
Vielmehr verneigte er sich vor mir und vertraute
mir um Hilfe bittend seinen Untergebenen an:

„Herr, mein Knecht liegt zu Hause und ist gelähmt und leidet große Qualen."

Damit bewies dieser Offizier gleichzeitig auch eine große Zuneigung zum Menschen. Als Zenturio befehligte er immerhin 100 Söldner. Offensichtlich aber war er kein Leuteschinder. Sonst hätte er sich nicht so fürsorglich um seine Soldaten gekümmert. Einer davon litt vielleicht an der Gicht, die seinen Rücken krumm zog und ihn mit unablässigen Schmerzen peinigte. Gicht befiel oft Menschen, die im Freien die Nacht verbringen mussten. Ein Berufsrisiko für jeden Soldaten.

Die Ärzte in Kafarnaum standen der Krankheit ratlos gegenüber. Der Hauptmann aber wollte sich mit einer solchen Auskunft nicht abspeisen lassen. Die Leiden seines Mannes gingen ihm ans Herz. Er machte sich Sorgen, wünschte sich Besserung für ihn. Nicht ohne Grund verwendet mein Evangelist Matthäus für Knecht ein Wort, das auch „Kind" bedeuten kann. Da schwingt viel Freundlichkeit mit.

Neben seinem fast unverschämten Glauben zeigte der Hauptmann nicht auch eine große Feinfühligkeit? Mir

scheint, er wollte dir nicht zumuten, dass du als Jude
das Haus eines römischen Besatzungssoldaten betratest.

Er wollte mich auf keinen Fall kompromittieren. Ich hätte ja sonst in den Augen meiner Landsleute in dem üblen Ruf eines Kollaborateurs der Römer gestanden. Mein machtvolles, heilendes Wort allein genügte ihm. Der befehlsgewohnte Offizier wusste: Mein Wort würde Heilung bewirken.

Jetzt verstehe ich, warum wir in jeder Messe vor dem Empfang der Kommunion mit den Worten des Haupt-manns von Kafarnaum bekennen: „Herr, ich bin nicht würdig, dass du eingehst unter mein Dach, aber sprich nur ein Wort, so wird meine Seele gesund." Du sahst in dem römischen Hauptmann einfach einen Menschen, der voller Vertrauen auf dich jetzt und hier deine Zu-wendung brauchte.

Das gilt auch für einen jeden von euch. Im Umgang miteinander geht es nicht um Sympathie und Antipathie, sondern darum, dass ihr einander als Menschen wahrnehmt, die von mir als Gleich-wertige angesehen werden. Eure Unterschiede, die ihr immer wieder macht und die oft euer Handeln bestimmen, sollten keine Bedeutung haben, wenn da jemand vor euch steht, der um Hilfe bittet. Zugegeben, das ist nicht immer leicht. Aber es lohnt sich, weil ihr damit menschliches Leben im Sinne eines Miteinanders und Füreinanders überhaupt erst ermöglicht. Mit dem römischen Offizier dürft auch ihr zu mir sagen: „Sprich nur ein Wort." Ein Wort von mir reicht, um euch von euch selbst zu befreien. Ein Wort von mir reicht aus, euren engen Horizont zu öffnen. Ein Wort von mir genügt, um euch daran zu erinnern, dass ich trotz eures Hochmuts zu euch stehe; denn ich bin ein demütiger Gott. Ein Gott, der Mensch geworden ist, um euch nahe zu sein. Mein liebendes Wort kann alles verändern. Aus Selbstverachtung wird Selbstannahme, aus Streit Versöhnung, aus Vergeltung Verzeihen, aus Aufbegehren Annahme. Allerdings braucht ihr dazu die Demut des Hauptmanns von Kafarnaum, die es euch ermöglicht, nicht immer die Größten sein zu wollen. Demut hat nichts mit Selbstverachtung zu tun, sondern sie ermöglicht Selbsterkenntnis, die offen ist für die Wahrheit.

Der naive Glauben eines Nichtjuden veranlasste dich anschließend zu einer provozierenden Aussage. Ich

höre, wie darauf deine Gegner mit den Zähnen knirsch-
ten: Und wir als die Kinder Abrahams? Was mach-
te den Glauben des Hauptmanns in Kafarnaum so
unvergleichlich?

Sein Vertrauen. Das ließ keinen Raum für Zweifel offen. Deshalb vollzog sich an ihm ein Wunder:
Er glaubte so unmittelbar, dass ich voller Staunen
ausrief: „Solchen Glauben habe ich in Israel nicht
gefunden." Vertrauen schreckt nicht vor Grenzen
und Mauern zurück. Vertrauen verleiht Kraft und
Mut, hinüberzuspringen. Dieser heidnische Römer
wusste nichts von den Verheißungen Gottes an sein
Volk. Er hatte keine Ahnung von der Geschichte
Gottes mit Israel. Er kannte auch keinen einzigen
Psalm. Er hatte nie etwas von der großen endzeit-
lichen Hoffnung gehört. Das alles fehlte ihm. In
seinem Ohr klang nur das Wort „Bittet, so wird
euch gegeben!" Darauf vertraute er. Ohne allen Re-
ligionsunterricht. Ohne alle Theologie. Hier wurde
Glaube als ein Geschenk entgegengenommen und
sogleich praktisch umgesetzt.

Du aber beließest es nicht bei diesem Lobpreis eines
naiven Glaubens. Dein Blick wandte sich denen zu,

die sich ihres Glaubens sicher sind und auch einiges dafür tun. Und dann sprachst du das erschreckende Wort aus: „Viele, sehr viele von überallher werden mit den Erzvätern dereinst im Himmel vereint sein, aber die Kinder des Reiches werden ausgestoßen sein in die Finsternis."

Das kann auch euch treffen.

Aber warum denn? Wir fühlen uns doch als „Kinder des Reiches". Und unsere Theologen in ganz besonderem Maße. Was tun wir nicht alles um des Reiches willen! Manche von uns betreuen Kranke und Alte. Andere schreiben sogar Bücher, in denen es zuletzt doch immer um das Reich Gottes geht. Und das alles soll uns nicht wenigstens für einen der unteren Plätze am Tisch der Herrlichkeit qualifizieren? Möglicherweise werden es die ganz anderen sein, die zum Freudenmahl gebeten werden? Möglicherweise haben die, die wir als Spötter, als Verzweifelte, als Uninteressierte oder sogar als Gegner einstufen, die viel günstigeren Chancen? Haben die Kinder der Welt vielleicht einen besseren Stand als die Kinder des Reiches?

Als Antwort darauf empfehle ich dir, einmal ganz langsam das Magnifikat, den Lobpreis meiner

Mutter Maria, beim Evangelisten Lukas zu lesen. Eure große Gefahr ist der Stolz und die Sattheit. Eure große Chance ist die Demut. Denn daraus wächst Glaube als ein Geschenk. Das müsst auch ihr immer wieder zu buchstabieren lernen. Meine Mutter hatte das verstanden und es euch vorgelebt. Es geht um die große, naive Zuversicht, dass das Wenige, das euch geschenkt wird, und nicht das, was ihr vorzuzeigen habt, ausreichen wird, mit den Vätern des Glaubens die Fülle der Herrlichkeit zu schauen.

Das heißt also, dass grundsätzlich keiner davon ausgeschlossen ist, mit dir im Himmelreich am Tisch zu sitzen?

Weder Rasse noch Religion, weder Geschlecht noch soziale Stellung noch Hautfarbe haben Einfluss darauf, ob jemand teilhaben wird am Reich des Friedens, der Gerechtigkeit und der Gleichheit bei meinem Vater. Mit mir hat diese neue Heilszeit hier und jetzt schon begonnen. Indem ich den gelähmten Knecht heilte, Besessene, Blinde und Verkrüppelte gesund machte. Indem ich Leute an meinen Tisch holte, die sonst niemand eingeladen hätte.

Und wie sieht das heute bei uns aus?

Wenn ihr auf Gewalt nicht mit Gegengewalt reagiert, wenn eure Barmherzigkeit größer ist als euer Gerechtigkeitsempfinden, so sind das auch heute Zeichen des beginnenden Gottesreiches. Wenn ihr den Mut aufbringt, zusammen mit mir Grenzen zu überschreiten, wenn ihr bereit seid, anderen zu vertrauen, dann hat das Reich Gottes unter euch schon begonnen. Wenn ihr Vorurteile abbaut, mit denen ihr euch vor Fremden, vor Andersdenkenden abgrenzt, dann hat das Reich Gottes unter euch schon begonnen. Glauben und eine Beziehung zu meinem Vater kann bei jedem Menschen anders aussehen. Es steht euch nicht zu, Normen mit bestimmten Begrenzungen aufzurichten, die von allen einzuhalten wären. Lasst euch nicht von Gegenargumenten lähmen, wenn man euch einreden will: Es geht nicht. Du nimmst dir zu viel vor. Das ist Träumerei. Das klappt nie. Sollen doch die anderen anfangen. Glaubt den Bedenkenträgern und Pessimisten nicht! Ich habe im

Namen meines Vaters viele Grenzen überschritten. Darum könnt auch ihr eure eigene Begrenztheit aufgeben. Grenzen geben euch zwar Sicherheit. Grenzen zu überschreiten, macht euch vielleicht ein wenig unsicher. Aber es öffnet euch neue Horizonte und schenkt euch eine neue Freiheit. Darum ermutige ich euch am Beispiel des römischen Hauptmanns, als Grenzgänger zum Reich meines Vaters euch ganz auf mich zu verlassen. Glaubt an die Kraft meiner Liebe! Macht zusammen mit mir diese Welt heil!

Eine zarte Frau mit brüchiger Stimme im Kampf gegen die Sklaverei

Ihre Eltern waren Missionsärzte in abgelegenen Dörfern Indiens. Damit Pranitha Timothy, ihre beiden Schwestern und ihr Bruder eine Schule besuchen konnten, mussten sie zu einem Internat in der Stadt. Einmal im Jahr durften sie nach Hause. Timothy fühlte sich allein gelassen und wertlos.

„Ich hasste Jesus und meine Eltern dafür, dass ich von ihnen getrennt wurde. Ich schwor mir, nie Christ zu werden. Den Kontakt zu meinen Geschwistern brach ich ab. Ich isolierte mich emotional und sozial. Ich habe nie geweint, war hartherzig und die Leute hatten Angst vor mir. Alles, was ich wollte, habe ich gemacht. Egal, ob es moralisch in Ordnung war oder nicht. Ich lebte nur für mich selbst."

Im Internat hatte Pranitha den Spitznamen „die Coole und Berechnende". Ein Mädchen musste ihretwegen mit psychischen Problemen ins Krankenhaus. Schließlich flog Timothy wegen ihres unmöglichen Verhaltens von der Schule. Trotzdem gelang ihr anderswo ein Abschluss. Dann begann sie ein Studium in Sozialpädagogik. Aber ihr Leben blieb weiterhin dunkel.

„Seltsam. Der Jesus, den ich abgelehnt hatte, dem ich nicht folgen wollte, schien mir jetzt als der Einzige, der mir Hoffnung gab. Ob ich es wollte oder nicht. Es war mir, als würde er zu mir sagen: ‚Komm zu mir, so wie du bist! Bitte, und du wirst erhalten! Ich werde dein Herz verwandeln.' Das anzunehmen war schon ein innerer Kampf. Warum sollte ich jemandem etwas geben? Gleichzeitig fühlte ich mich unwürdig. Dann begann ich, mit Jesus zu verhandeln: Ich will es versuchen. Wenn es funktioniert, wenn sich etwas in meinem Leben verändert, will ich an dir festhalten. Kurz vor dem Ende meines Master-Studiums stieß ich auf einen Text des Propheten Jesaja: ‚Das ist mein Diener, den ich auserwählt habe ... Er wird Gerechtigkeit hervorbringen ... und Gefangene aus dem Kerker holen.' (Jes 42,6-7). Ich fühlte mich dabei ganz persönlich angesprochen, für die Gerechtigkeit der Sklaven in meinem Land zu kämpfen. Aber ich hatte keine Ahnung, wie das konkret aussehen könnte. Damals spielte ich regelmäßig Basketball. Mit meinen anderthalb Metern bin ich nicht groß, aber ich war stark. Fast immer traf ich den Korb von der Mittellinie aus."

Doch eines Tages spürte Pranitha beim Werfen, dass sie in Schultern und Armen nicht mehr so viel Kraft besaß wie sonst. Außerdem wurde sie von heftigen Kopfschmerzen gepeinigt. Bei der Untersuchung in der Klinik stellten die Ärzte einen Tumor fest, der bereits ins Rückenmark ausstrahlte.

„In einer komplizierten Operation konnte zwar das Gewächs entfernt werden, aber ich hatte 60 Prozent meiner Muskelkraft auf der rechten Seite eingebüßt. Auch im Gesicht und in den Schultern fühlte ich mich völlig kraftlos. Dazu verlor ich meine Stimme. Zweifel wollten mich überkommen. Hatte ich mich vielleicht doch getäuscht, als ich den Ruf Gottes vernahm? Doch dann fiel mir wieder die Verheißung aus Jes 42,1-2 ein: ‚Siehe, das ist mein Knecht. Er wird das Recht unter die Heiden bringen. Er wird weder schreien noch rufen. Seine Stimme wird man nicht hören auf den Gassen.' Das war genau meine Situation. Zwar hatte ich keine Stimme. Aber der Auftrag Gottes galt für mich nach wie vor."

Nach zwei Jahren bekam Pranitha ihre Stimme wieder. Eine leise, verletzte Stimme, die sie denen leiht, die völlig machtlos sind. „Meine Stimme ist sehr dünn, aber sie ist kraftvoll in Gottes Hand. Früher wollte ich Leute fertig machen, heute baue ich Vertrauen auf. Jesus hat mir Mitgefühl gegeben für Kinder und Familien. Dass er mein Herz in dieser Weise verändert hat, ist das größte Wunder meines Lebens."

In Indien ist der Name Pranitha Timothy für viele Sklaven zu einem Synonym für Hoffnung geworden. In diesem Land werden immer noch ganze Familien in Steinbrüchen, Ziegeleien und Textilfabriken zu Schwerstarbeit gezwungen.

Pranitha Timothy arbeitet für die „International Justice Mission" (IJM), eine christliche Hilfsorganisation, die sich weltweit für Betroffene massiver Menschenrechtsverletzungen einsetzt. Mit ihrem Team, bestehend aus Ermittlern, Anwälten und Sozialarbeitern, befreit die zierliche Frau jedes Jahr Hunderte von Zwangsarbeitern und begleitet sie bei der Wiedereingliederung in die Gesellschaft.

Schätzungsweise leben in Indien 14 Millionen Menschen als Sklaven. Damit will sich Timothy nicht abfinden: „Auch sie sind nach dem Ebenbild Gottes geschaffen und haben daher ihre Würde."

Obwohl die Sklaverei in Indien 1976 per Gesetz abgeschafft wurde, ist es jedes Mal dasselbe: Jemand, der Geld, Bildung und Macht hat, nutzt die Armen aus. Und die können oft nur zwischen Ausbeutung und dem Hungertod entscheiden. Raman ist einer von ihnen. 18 Stunden täglich schufteten er und seine Familie in einer Reismühle in Südindien. Sie wurden misshandelt und geschlagen. Raman war Sklave in der dritten Generation. Schon sein Vater und Großvater mussten in der Mühle arbeiten, um angebliche Schulden zurückzuzahlen. Timothys Anwälte klagten den Reismühlenbesitzer an. Daraufhin wurde dieser nur zu einer Strafe von knapp acht Euro verurteilt.

„Als er uns im Gerichtssaal sah, lachte er uns aus. Er war nicht nur irgendein Reismühlenbesitzer, sondern der Chef der Reismühlengesellschaft und damit reich genug, Polizei und Justiz zu bestechen. Da er noch andere Sklaven hielt, wurde ein zweites Mal ein Verfahren eingeleitet. Dieses

Mal mit Erfolg: Der Sklavenschinder erhielt eine fünfjährige Haftstrafe."

Wenn die Sklaven in die Freiheit entlassen werden sind damit aber noch längst nicht alle Probleme gelöst. Die meisten von ihnen sind mit der ungewohnten Freiheit völlig überfordert. Viele wissen nicht einmal, wie sie heißen. Manche Sklaven sehen wegen der harten Arbeit und dem knappen Essen mit ihren 13 Jahren aus wie 60-Jährige. Deshalb entwickelte Timothy zusammen mit ihrem elfköpfigen Team ein zweijähriges Nachsorgeprogramm, das heute in ganz Indien umgesetzt wird. Es begleitet die Betroffenen umfassend, hilft ihnen medizinisch und psychologisch und unterstützt sie auf ihrem Weg zurück in ein eigenständiges Leben. Heute ist Raman Dorfältester und setzt sich für die Interessen seiner Nachbarn ein. Seine Kinder können unbeschwert spielen und zur Schule gehen. Sie wachsen in Freiheit auf.

Pranitha Timothy mit ihrer Familie.

Doch wer Sklaven befreit und mächtige Fabrikbe-
sitzer, Manager und Großbauern vor Gericht zerrt,
macht sich sehr schnell Feinde. Schon mehrfach
wurde Pranitha in einen Hinterhalt gelockt und mit
dem Tod bedroht. „Mama, was passiert, wenn du
einmal nicht mehr nach Hause zurückkommst?",

fragt sie manchmal ihre siebenjährige Tochter. Doch die zweifache Mutter hat keine Angst: „Ich glaube, Jesus will, dass wir die Ungerechtigkeit bekämpfen. Dann wird er uns auch beschützen. Die Sklavenhalter sind entschlossen. Sie wissen, was sie tun. Wir müssen uns ebenso entschlossen für die versklavten Menschen einsetzen."

Für die Zukunft hofft Timothy, dass das Oberste Gericht Indiens verstärkt gegen die archaische Form der Ausbeutung vorgeht. Schon jetzt schult das IJM-Team Behörden im Kampf gegen die Sklaverei. Der Grundsatz, dass das Recht für alle gilt – unabhängig von Kaste, Macht und Geld –, ist nicht so einfach umzusetzen. Doch Pranitha lässt sich nicht unterkriegen: „Es wird der Tag kommen, dass ein Sklave einfach zur Polizei gehen kann, sein Problem schildert und dann zu seinem Recht verholfen bekommt."

Gott ist auf einem Auge blind

Jesus, bei Joh 8,1-11 lese ich, wie eine Frau beim Ehebruch ertappt wurde. Die Männer, die sie in ihre Gewalt nahmen und abführten, waren in keinster Weise berührt von der Schwäche dieser Frau. Ihre Herzen kannten kein Mitleid, keine Gnade: Wir haben dich erwischt, du Weibsstück. Das kannst du nicht leugnen. Das Siegesgefühl, eine Sünderin ertappt zu haben, war in ihre Gesichter geschrieben. Nun stand die Frau in der Mitte. Im Tempel von Jerusalem. Abgewichen vom Weg. Vom Weg der Gerechten. Ins grelle Scheinwerferlicht geraten. Angeklagt. Begafft. Angestarrt. Zudringlichen Blicken ausgeliefert. Ein Heer von nackten Zeigefingern. Alle auf sie gerichtet. Die Pharisäer und Schriftgelehrten galten als die Richter Israels. Studierte Menschen. Sie kannten sich in den Gesetzesbüchern aus. Hatten über Leben und Tod zu entscheiden. Hier war der Fall sonnenklar. Wozu überhaupt noch römische Gerichtsbarkeit, Verhandlung, Urteilsspruch? Warum nicht an Ort und Stelle den Fall erledigen? Auf Ehebruch einer Frau stand die Todesstrafe durch Steinigung. Für Männer galt das nicht. Sie kamen ohne jede öffentli-

che Strafe davon. Schon diese Ungerechtigkeit hätte die Männer zu vorsichtigem Handeln herausfordern müssen. Diese aber waren nur von einer Sache besessen: Das treulose Weib soll für seine Tat bluten. Steinigen! Sie durfte nicht reden. Kein Wort der Verteidigung. Vor Angst und Scham hätte sie es auch gar nicht gekonnt. Sie ließen sie niederknien da am Boden im Sand. Nun schleppten diese Vordenker der Juden die Frau zu dir. Wie würdest du reagieren auf ihre provozierende Frage? Eines waren sie sich sicher: Egal, welches Urteil du fällen würdest, sie konnten dir einen Strick daraus drehen. Wenn du den Tod der Frau fordertest, konnten sie dich an die römischen Machthaber ausliefern; denn die Juden durften eigentlich Todesurteile weder fällen noch vollstrecken. Außerdem, wer hätte deine Worte über Nächstenliebe und Vergebung dann noch ernst nehmen können? Keiner würde dir mehr Glauben schenken. Und das mit Recht! Dann könntest du einpacken und wieder zurückkehren nach Galiläa, um dort alt zu werden. Vergessen von der Nachwelt und verachtet von deinesgleichen. Wenn du die Frau dagegen freisprachst, konnten sie dich als Gesetzesbrecher brandmarken. Du hattest anscheinend nur diese beiden Möglichkeiten. Beide hätten dir geschadet. Du warst für die Schriftgelehrten und Pharisäer schachmatt. Sie rieben sich innerlich schon schadenfroh die Hände. Jetzt endlich konnten sie diesem Volksverführer das Handwerk legen. Aber sie freuten sich zu früh. Sie unterschätzten dich wieder einmal total. Die Menge wartete. Hielten die Steine schon in der Hand. Auch du wartetest. Knietest dich nieder. Auf Augenhöhe mit der Frau. Dann tatest du etwas ganz Seltsames. Du schriebst wie unbeteiligt mit dem Finger in den Sand. Das dauerte. Die Situation knisterte vor Spannung. Was schriebst du da?

Ich schrieb die Sünden dieser alten Böcke in den Sand. Dann schleuderte ich ihnen die Worte entgegen: „Wer unter euch ohne Sünde ist, werfe als Erster einen Stein auf sie!"

Damit drehtest du den Spieß um. Und das bedeutete: Sie saßen alle auf derselben Anklagebank. Die Ehebrecherin, die Zeugen, die Pharisäer und die Schriftgelehrten. Keiner war ohne Sünde. Wer hier mit Steinen warf, auf den prasselten sie zurück. Während du ihre Selbstgerechtigkeit entlarvtest, führtest du den scheinheiligen Männern vor Augen, dass sie keinen Deut besser waren als die Ehebrecherin. Wer von ihnen war schon fehlerfrei? Wer von ihnen hatte nicht schon gegen Gottes Willen gedacht und gehandelt? Das schlug ein. Sie starrten nicht mehr nach Recht lechzend auf die schamhaft gekrümmte Frau. Sie wandten den Blick auf sich selbst! Die Wurfrichtung des Steines änderte sich. Der Stein, den sie in den Händen hielten, bedrohte nicht mehr die Frau am Boden. Er bedrohte ihre eigene Schuld und damit sich selbst. Ihre Fäuste öffneten sich. Die Steine fielen zu Boden. Keiner von diesen selbstgerechten Männern hatte sich vorher die Frage gestellt: Was hat die Frau zu ihrer Tat veranlasst? Hatte sie sich einfach von der Begierde treiben lassen? Oder hatte sie vielleicht länger mit sich gerungen und ist am Ende dann doch schwach geworden? Trug sie allein die ganze Schuld an ihrem Ehebruch? Könnte es nicht auch sein, dass sie sehr raffiniert und gezielt von einem Mann verführt worden war, so dass auf seiner Seite die weitaus größere Schuld lag? War ihr Ehemann völlig unschuldig oder hatte er durch sein entwürdigendes und erniedrigendes Verhalten gegenüber seiner Frau auch dazu beigetragen, dass sie sich von ihm entfernte und in ihrer Not in die Arme eines anderen flüchtete? Die Ankläger waren alle davongeschlichen. Ganz bei der eigenen Schuld. In ihren Gedanken über sich selbst. Alle.

Damit hattest du nicht nur sehr effektiv den gefährli-
chen und raffinierten Angriff der Schriftgelehrten und
Pharisäer abgewehrt, sondern sie sogar in die Flucht
geschlagen. Die Erbarmenswerte war ihren Richtern
entkommen. Da stand sie dir gegenüber, als du sie
fragtest: „Hat dich keiner verurteilt?" Nun sprach die
Frau zum ersten Mal. Erleichtert und befreit: „Keiner,
Herr!" Und du? Der du als Einziger das Recht dazu
gehabt hättest, brachst nicht den Stab über sie. Du
hieltest ihr keine Moralpredigt. Du nageltest sie nicht
auf ihre schuldhafte Vergangenheit fest. Du stelltest gar
nicht die Schuldfrage. Du hast lediglich eines registriert:
„Keiner hat dich verurteilt. Auch ich verurteile dich
nicht." Hast du damit nicht wie ein Blinder reagiert,
der die Schuld eines Menschen nicht sehen kann?

Ich sagte nicht zu der Frau: „Geh, es ist schon
alles in Ordnung!", sondern: „Geh hin und sün-
dige nicht mehr!" Hier handelte es sich nicht um
Blindheit, sondern um Barmherzigkeit. Ich hieß
das, was die Frau getan hatte, nicht gut. Ich billigte
und verharmloste ihr Verhalten nicht. Ich machte
daraus kein „Kavaliersdelikt". Sie hatte gesündigt.
Aber ich hackte nicht darauf herum. Schon gar
nicht sah ich die Lösung in Steinigung, Tötung,

Vernichtung. Ich forderte sie nachdrücklich auf, die Sünde zu meiden. Entscheidend war der neue Anfang für diese Frau. Durch mich erfuhr sie die barmherzige Liebe meines Vaters. Das war für sie viel sinnvoller als mit Selbstvorwürfen und in der Trauer über sich hängen zu bleiben. Ich traute ihr zu, dass sie sich änderte, dass sie zur Einsicht kam und die unklaren Verhältnisse klärte und bereinigte. Ich fragte sie nicht nach begangenen Sünden. Ich sprach ihr Vergebung zu. Ich setzte stillschweigend voraus, dass die Frau nach der Begegnung mit mir aus Herzensantrieb ein anderes, ein neues Leben beginnen würde. Die Heuchler hatten nur Steine bereit. Ich aber schenkte ihr ein neues Herz und damit einen neuen Anfang.

Dein Verhalten dieser „Sünderin" gegenüber zeigt mir, dass wir bei einem Menschen, der offensichtlich große Fehler gemacht hat, vorsichtig mit der Beurteilung umgehen sollen.

Diese Frau stellt mit ihrem Schweigen und ihrem Ausgeliefertsein unüberhörbar Fragen auch an euch: Wann ging es euch einmal ähnlich wie ihr? Wo habt ihr das Triumphgefühl eurer Umgebung erlebt, während andere Leute Augenzeugen eurer Schwächen wurden? Sie konnten euch festnageln. Leugnen oder beschönigen war nicht möglich. Die Situation war eindeutig. Sie hatten euch im Griff. Endlich konnten sie offen über euch herziehen. Das Recht stand auf ihrer Seite. Gleichzeitig möchte ich euch im Blick auf diese Frau noch eine andere Frage stellen: Gehört ihr in eurem Verhalten gelegentlich auch zu diesen selbstgerechten Männern? Wie geht ihr mit anderen um, bei deren Versagen ihr Augenzeuge wurdet? Wie verhaltet ihr euch, wenn ihr etwas Peinliches oder Ehrenrühriges von jemandem wisst? Seid ihr aufs Ertappen anderer aus? Welche Hilfe erfährt euer Mitmensch durch euch in seinen Schwächen? Wie schön wäre es, wenn auch ihr Worte der Barmherzigkeit fändet, die das Versagen nicht verharmlosen, mit denen aber Ermutigung und weitere Verbundenheit zugesprochen werden.

Deine Sündenvergebung ist also nicht von Voraussetzungen abhängig.

Sie ist eine Liebe, die euch in eurer tiefsten, innersten Schicht erreichen möchte. Sie ist eine stets „zuvorkommende" Liebe. Sie ruft euch zur Gegenliebe. Weil ich an das Gute im Menschen glaube. Ich gebe auch dem schlimmsten Versager noch eine Chance. Weil ich ihn bedingungslos von der Last seiner Vergangenheit befreien will.

Das war nicht nur für deine Gegner damals anstößig. Das ist bis heute eine Herausforderung für jeden Einzelnen von uns.

Ihr sollt endlich begreifen: Wenn ich in euer Leben trete, dann kann sich alles ändern. Meine Gnade ist eine Macht, die frei setzt. Ich stelle euch in den Machtbereich der Liebe meines Vaters. Seine Größe und seine Unbegreiflichkeit bestehen nicht nur in seiner überragenden Weisheit und Allmacht, sondern vor allem in seiner Güte, in seiner unerschöpflichen Liebe und grenzenlosen Barmherzigkeit. Denn er wäre nicht der barmherzige Gott, würde er euch bei all eurem Versagen nicht zugleich umarmen und zu jedem von euch sagen: Mein lieber Sohn, meine liebe Tochter, ich liebe dich trotzdem über alle Maßen. So, wie du bist.

Leiterin einer Abtreibungsklinik wird Pro-Life-Aktivistin

Abby Johnson kommt 1980 als Texanerin zur Welt. Die Eltern sind Mitglieder einer kleinen protestantischen Gemeinde. Mit acht Jahren wird Abby getauft. Ihre Kindheit verbringt sie in Louisiana bei ihrer Familie. Sie ist eine gute Schülerin, engagiert sich in Schulaktivitäten und in der kirchlichen Jugendgruppe. Als Studentin verliebt sie sich im Jahr 2000 Hals über Kopf in Mark. Nach kurzer Zeit ist sie schwanger. Kein Problem für den jungen Mann. Er schlägt Abby eine Abtreibung vor. Sie stimmt zu. 500 Dollar kostet das „Entfernen der Schwangerschaft". Kein Bedauern. Abby ist froh, als die Prozedur vorbei ist. Nach wenigen Tagen kann sie wieder auf die Uni gehen. Als wäre nichts gewesen. Dass sie ein Baby mit einem Recht auf Leben in ihrem Leib getragen hat, kommt ihr nicht in den Sinn. Sie hatte ja nur eine „Schwangerschaft behandeln" lassen. Über das beseitigte „Problem" spricht sie weder mit Freunden noch mit ihrer Familie. Ein Jahr später wird sie als Psychologiestudentin im Rahmen einer Veranstaltung an der Universität von einer gutaussehenden, wortgewandten Frau angesprochen. Diese preist die Dienstleistungen von Planned Parenthood (PP) für Frauen in Krisensituationen an und überzeugt Abby schnell, dort mitzuarbeiten. Die Sicherheit von Frauen und ihre Rechte auf gute medizinische Versorgung bei einem Schwangerschaftsabbruch zu gewährleisten ist für Abby, die viel Mitgefühl besitzt und hilfsbereit ist, eine gute Sache. PP tue auch alles, um die Zahl der Abtreibungen zu verringern, hört sie.

So beginnt sie also bei einer der bekanntesten Organisationen der USA zu arbeiten: Planned Parenthood, Elternschaft nach Plan. Diese ist nicht nur in der Beratung für Familienplanung tätig, sondern gleichzeitig der größte Abtreibungsanbieter der USA. Normalerweise sind die Planned-Parenthood-Kliniken von Zäunen umgeben. Drinnen kümmern sich die Abtreibungsärzte um die – wie es in ihrer beschönigenden Sprache heißt – „sexuelle und reproduktive Gesundheit" ihrer Klientinnen. Draußen vor dem Zaun beten und fasten die Pro-Life-Leute und bemühen sich darum, mit den schwangeren Frauen, die zum Abtreiben in die Klinik fahren, Kontakt aufzunehmen und sie mit Hilfsangeboten vor der geplanten Tötung ihres Kindes zu bewahren.

Abbys Aufgabe besteht jetzt darin, Frauen, die zur Abtreibung kommen, in die PP-Klinik zu eskortieren. Sie soll gleichzeitig dabei verhindern, dass die Klientinnen von Pro-Life-Aktivisten angesprochen oder aufgehalten werden. Etwas verwirrt fragte sie sich manchmal: „Warum soll ich Frauen, die doch ihre eigenen Entscheidungen treffen sollen, davor beschützen, mit jemandem darüber zu sprechen? Heute stellt sie zurückblickend fest: „Alles, was ich bisher gehört hatte, war, dass PP den Frauen aus ärmlichen Verhältnissen hilft und sich um deren Gesundheit bemüht. Ich fand, das sei eine gute Sache. Ich habe mir nicht viel bei diesen Abtreibungen überlegt. Es war ja legal und es schien, als ob Frauen das Recht hätten, darauf zurückzugreifen. Wir verhalfen ihnen eben zu diesem Recht. Ich dachte, wir würden ihnen da etwas Gutes tun. Über die ungeborenen Kinder dachte ich nicht viel nach. Wir sollten uns keine Sorgen um diese machen. Wichtig wären die Frauen und ihr Recht, über ihr Leben und das ihrer Kinder zu entscheiden."

In der Bryan-Klinik, für die Abby arbeitet, werden zunächst nur samstags chirurgische Abtreibungen durchgeführt. An den übrigen Tagen können Frauen gynäkologische Beratungen, Behandlungen und Untersuchungen in Anspruch nehmen. Ihren Freund Mark hat Abby ein Jahr nach der Abtreibung geheiratet. Als sie feststellt, dass Treue und Liebe keinen Platz in seinem Vokabular haben, beschließt sie, sich scheiden zu lassen. Noch vor dem Scheidungstermin ist sie jedoch wieder schwanger. Da ihr Mann kein Interesse an Kindern hat, soll auch diese zweite Schwangerschaft mit einer Abtreibung enden. Da in der Klinik täglich die Abtreibungspille RU 486 verabreicht wird und Abby erst in der achten Schwangerschaftswoche ist, entscheidet sie sich diesmal nicht für eine chirurgische „Schwangerschaftsbeseitigung", wie das in der Organisation genannt wird. Der „Erfolg" ist, dass sie tagelang Höllenqualen leidet, starke Blutungen, Krämpfe und hohes Fieber hat. Erst nach zwei Wochen kehrt sie, ohne Baby, an ihren Arbeitsplatz zurück.

Nach der Scheidung trifft sich Abby häufiger mit Doug Johnson, einem humorvollen jungen Mann und angehenden Sonderschullehrer. Mit ihm versteht sie sich gut. Vor allem bewundert sie an ihm, wie sehr der christliche Glaube sein Leben und seine Entscheidungen beeinflusst. Er ist Pro-Life-Aktivist und verwickelt Abby immer wieder in Diskussionen. Doch sie lässt nicht mit sich handeln: „Auch wenn du behauptest, es gebe keinen entscheidenden Unterschied zwischen einem wenige Tage alten Embryo und einem sieben Monate alten Baby vor der Geburt, so ist für die Frau die Lebensfähigkeit außerhalb des Mutterleibes der entscheidende Maßstab. Auf die friedlichen Beter auf der anderen Seite des Zauns, der die Klinik von der Straße trennt, reagiere ich zwar freundlich, sehe in ihnen aber nur Menschen, die den Frauen ihr Recht auf medizinische Hilfe verweigern wollen.“

Bald steigt Abby auf der Karriereleiter weiter nach oben und wird Assistentin in der Abtreibungsklinik. Doug macht ihr im selben Monat einen Heiratsantrag. Sie sagt Ja. Nach ihrem Abschluss in Psychologie übersiedeln beide nach Huntsville. Dort arbeitet sie weiter im PP-Zentrum. Es dauert nicht lange und Abby ist wieder schwanger. Grace kommt zur Welt. Abby kann acht Wochen im Mutterschutz bleiben. Danach wird ein Kindermädchen eingestellt.

2007 wird Abby mit 26 Jahren die Leitung der Bryan-Klinik angeboten. Nun trägt sie die Verantwortung für alle Abtreibungen. Heute fühlt sie sich für 20.000 tote Kinder schuldig. Eines Tages sieht sie eine junge Nonne tränenüberströmt angesichts einer Mutter, die völlig niedergeschlagen nach einer Abtreibung zum Wagen geführt wird. Abby erkennt deren echten Schmerz und beginnt sich zu fragen: „Wie viele Leute weinen wohl wegen des Geschehens in meiner Klinik?" Auch die Verzweiflung einer Großmutter, die vergebens versucht, ihre Enkelin vom Gang in die Klinik abzuhalten, erschüttert sie. Beeindruckt ist sie auch von der Kampagne „40 Tage für das Leben". Da beten und fasten „Pro-Lifer" bei Tag und Nacht vor der Klinik.

Nun gerät die PP-Organisation mehr und mehr in rote Zahlen. Mitarbeiter werden entlassen. Eine große Abtreibungsklinik wird geplant, um das

Budgetloch zu stopfen. Hier sollen künftig auch Spätabtreibungen nach der 21. Schwangerschaftswoche möglich sein. Abby hat dafür zu sorgen, dass doppelt so viele Abtreibungen durchgeführt werden wie bisher. Jetzt macht sie sich ernsthaft Gedanken: „Bis dahin hatten wir nur samstags Abtreibungen durchgeführt. Nun sollen sie jeden Tag stattfinden. Wieso? Angeblich wollen wir die Zahl der Abtreibungen verringern, wie PP der Öffentlichkeit immer verspricht."

Die Antwort der Vorgesetzten ist eindeutig: „Natürlich wollen wir nicht wirklich Abtreibungen verhindern. Das ist es doch, womit wir unser Geld machen."

Da Abby damit nicht einverstanden ist, erhält sie dafür eine Rüge.

Einen Monat später kommt ein neuer Abtreibungsarzt in die Klinik. Er hat eine eigene Praxis und erklärt, er würde Abtreibungen mit Ultraschallüberwachung durchführen.

„Bei uns geschah das ‚blind', was manchmal schwere Verletzungen der Gebärmutter verursachte. Der Arzt erklärte mir, mittels Ultraschall sei der Eingriff sicherer für die Mutter, da man den Vorgang genau beobachten könne. Ich fragte daraufhin meine Regionalvorgesetzte, warum nicht auch wir das standardmäßig verwendeten. Die Antwort: ‚Das würde jede Abtreibung um mehr als fünf Minuten verlängern. Und da wir an Abtreibungstagen 30 bis 40 Abtreibungen durchzuführen haben – mit einer Höchstdauer von fünf Minuten – so ist das ein Ding der Unmöglichkeit.'"

Abby ist konsterniert. Restlos werden ihr jedoch die Augen geöffnet an dem Tag, an dem sie der Abtreibungsarzt einlädt, ihm bei einer Ultraschall-Abtreibung zu assistieren. „Das Baby war 13 Wochen alt. Da ist alles schon vorhanden: Arme, Beine, Herzschlag, Gehirnströme, innere Organe. Als ich es so voll entwickelt sah, wurde ich leicht nervös und fragte mich, was jetzt kommen würde. Als die Kanüle des Sauggerätes für die Abtreibung in den Uterus eingeführt wurde und dem Baby nahe kam, sah ich, wie es mit den Armen und Beinen zu rudern begann, um dem Gerät zu entkommen. Es drehte und wandsich heftig. Nie hätte ich gedacht, dass ein so winziges Baby schon so reagieren könnte, um dem todbringenden Apparat auszuweichen. Schockierend! Dann wurde der Sauger angestellt.

Ich sah das Baby um sein Leben kämpfen. Es wurde herumgewirbelt und zusammengedrückt. Im Leib seiner Mutter in Teile zerrissen und in die Kanüle gezogen. Schrecklich."

Das Erlebnis dieser Abtreibung beginnt Abby immer mehr aufzuwühlen. Ihre ganze Welt scheint auseinanderzubrechen. Sie stellt nicht nur ihr eigenes Leben, sondern das ganze Abtreibungssystem in Frage. Wie ein Blinder, der plötzlich sehen kann, kommt sie sich vor. Sie hatte selber zwei eigene Kinder abgetrieben. Als sie im Büro der Klinik sitzt, kann sie die Emotionen, die die Ultraschallaufnahme ausgelöst haben, nicht mehr zurückdrängen. Der einzige Ort, der ihr einfällt, wohin sie gehen könnte, ist das Büro ihrer einstigen „Feinde", die Leute von „Pro-Life". Diese Leute vor der Klinik beteten, hielten Rosenkränze und Bibeln in den Händen. Sie hatten ihr stets angeboten, ihr zu helfen, da rauszukommen, falls sie ihre Meinung ändern sollte.

„Jetzt nahm ich den Telefonhörer von der Gabel. Mit erstickter Stimme schrie ich hysterisch in den Apparat: ‚Hier ist Abby Johnson von Planned Parenthood!' Die Person am anderen Ende musste sich fragen, was um alles in der Welt da vor sich ging. Weil ich so weinte und kaum noch sprechen konnte." Tatsächlich reagierten die „Lebensrechtler" verblüfft und erschrocken. Sie fürchteten das Schlimmste, nachdem Abby sie in all den Jahren immer wieder ausgeschimpft hatte. Nun brach der aufgestaute Schmerz aus ihr heraus.

„Tief in mir war ein Damm gebrochen und die Flut aus Schuld, Kummer, Schmerz, Reue, Scham und Angst ergoss sich mit jedem Schluchzer aus mir heraus. Es war ein schrecklicher, wunderbarer, furchterregender, reinigender Schwall aus blanker Emotion. Ein paar Minuten stammelte ich einfach so weiter, während ich alle angestauten Gedanken und Gefühle ausstieß, die seit Jahren in mir gebrodelt hatten: Ich kann das nicht mehr machen. Ich habe meine Entscheidung getroffen. Nie wieder werde ich in irgendeiner Form an einer Abtreibung mitwirken. Ich werde meine Karriere aufgeben und kündigen. Man hatte mich belogen. Der Fötus empfinde nichts, verspüre keinen Schmerz, hatte ich brav meinen Patientinnen immer versichert. Nun war ich vom Gegenteil überzeugt worden. Da war ein vollwertiger Mensch, der Schutz verdiente.

An diesem Tag hatte Jesus mich bei der Hand genommen und mir die Augen geöffnet. „Bei einer Abtreibung öffnet man sich, wenn auch unbewusst, für das Böse. Und das Böse macht die Menschen immun gegen die Wahrheit. Wiederholte, vorgefasste Überzeugungen tun ein Übriges. Der Fötus sei kein Mensch, Abtreibung befreie Frauen in Not."

So stellt Abby sich an jenem Septembertag 2009 der Wirklichkeit. Eine große Hilfe dabei sind die Begegnungen mit Menschen, deren Haltung sie überzeugt: Ihre Eltern, die nicht mit ihrer Tätigkeit einverstanden waren, sie aber nie fallen gelassen haben. Ihr Mann, der immer zu ihr hielt. Die Geduld, der Glaube und die Liebe, mit der ihr die Verantwortlichen der Pro-Life-Bewegung begegneten. Nun steht sie vor der Frage: Wie soll es weitergehen? Die „Pro-Life-Leute" bieten sich an, für sie einen Job zu suchen. Kurz darauf kündigt Abby. Auf Anraten ihrer neuen Freunde zieht sie sich für einige Wochen in Stille und Gebet zurück. Sie liest in der Bibel, genießt die neue Gemeinschaft mit Jesus. Sehr bald findet sie Arbeit bei einem Pro-Life-Gynäkologen.

Als PP herausfindet, dass sie Kontakt zur Pro-Life-Gruppe aufgenommen hat, versucht man, sie mundtot zu machen. Eine Klage wird ihr vom Gericht zugestellt. Sie wird bezichtigt, Patientenakten und geschäftsinterne Informationen heimlich entwendet zu haben, um sie zu veröffentlichen. Eine einstweilige Verfügung – ein Maulkorberlass – soll verhindern, dass sie sich öffentlich äußert.

„Eigentlich hatte ich nicht die Absicht gehabt, mit meiner Geschichte in die Medien zu gehen. Akten hatte ich auch nicht mitgenommen. PP hatte jedoch eine Presseaussendung gemacht und daher kontaktierten mich die Medien. So wurde meine Geschichte publik. Denn PP ist eine bekannte und vor allem angesehene Organisation. Die meisten Leute meinen, sie tue Gutes für die Frauen. Verlässt nun jemand diese Organisation und tritt gegen sie auf, ist das eine große Sache. So begann ich auch, auf Pro-Life-Veranstaltungen mein Zeugnis zu geben.“

Und der Prozess?

„Man kann niemanden dafür verurteilen, dass er seine Meinung ändert und nicht mehr für eine Einrichtung arbeiten möchte, die Abtreibungen durchführt. Außerdem haben wir in den USA das Recht auf freie Rede. Daher wurde die Klage abgewiesen."

Die Medienauftritte, die dem Prozess folgen, lösen eine Flut an Briefen und Anrufen aus. Abby wird um Rat nach Abtreibungen gebeten. Viele danken für ihr Zeugnis. Frauen berichten, dass sie nun doch nicht abtreiben wollen. Inzwischen spricht Abby in Schulen und Universitäten, in Schwangerenberatungsstellen, bei verschiedenen Tagungen und Kundgebungen. In England, Neuseeland, Australien, Kanada, Mexiko und Deutschland, um die Kultur des Lebens zu verteidigen. Allein im Jahr 2014 haben 154 Menschen ihren Abtreibungsjob aufgegeben und sind in die Pro-Life-Bewegung eingetreten.

Mit Protestgruppen und Anfeindungen kann Abby gut umgehen. „Das ist okay. Fast immer sind das Leute, die auf die eine oder andere Art mit Abtreibungen zu tun hatten. Mit ihrem Protest versuchen sie, vor sich selbst zu rechtfertigen, was sie getan haben und sich von Schuld freizusprechen. Ich verstehe das, habe es ja selbst gelebt."

Wie hilft man Frauen, die abgetrieben haben, mit ihrer Schuld umzugehen?

„Durch Wahrheit in Liebe. Durch das Gebet. Durch Barmherzigkeit. Du musst die Frauen, die abgetrieben haben, die Menschen, die in den

Heute versucht Abby, mit einer Botschaft der Hoffnung den Kampf gegen die Kultur des Todes zu gewinnen.

Kliniken arbeiten, lieben, für ihre Seele beten, damit sie erkennen, was sie da tun oder getan haben. Es geht um eine Botschaft der Hoffnung für sie. Nur so können wir diesen Kampf gegen die Kultur des Todes gewinnen."

Immer wieder stellt Abby eines klar: „Abtreibung beutet die Frauen aus, während Mutterschaft sie stärkt. Mutter zu sein und bei den Kindern zu Hause zu bleiben ist spannend, aufregend und nicht peinlich, wie man uns weismachen will. Wir müssen heute das Selbstbewusstsein der jungen Frauen stärken, die das eigentlich wollen."

Inzwischen haben Abby und Doug fünf Kinder. Ein achtjähriges Mädchen und vier Buben: drei und zwei Jahre, neun und zwei Monate alt. Der Jüngste ist adoptiert. „Freunde hatten uns von einer jungen Frau erzählt, die trotz einer Vergewaltigung nicht abtreiben wollte. Da sie das Kind nicht behalten konnte, war sie auf der Suche nach guten Eltern. Dabei ist sie bei uns gelandet. Da ich viel mit meiner Mission unterwegs bin, ist mein Ehegatte zurzeit als Hausmann tätig. Deshalb kümmert er sich als ‚a stay-at-home-dad' mit viel Liebe um die Kinder. Sie sind der große Reichtum unserer Familie."

GOTT LEBT IN SCHLECHTER GESELLSCHAFT

Jesus, deine Begegnung mit dem Zöllner Zachäus, wie sie uns dein Evangelist Lukas im 19. Kapitel 1-10 berichtet, versetzt mich in die bedeutende Handelsstadt Jericho vor zweitausend Jahren. Das Land ist von den Römern besetzt. Die ausländische Verwaltung profitiert vom Handel. Auf Waren, Marktständen, an Grenzübergängen werden Zölle erhoben. Die Besatzer kassieren nicht selbst ab. Die Zölle werden von den Römern an die meistbietenden Juden für fünf Jahre verpachtet. Der lange Arm Roms. Das ganze System unterliegt großen Missbräuchen. Die Zöllner verlangen, was sie wollen und sind relativ unabhängig. Das einfache Volk hat keinen Einblick in die Vielzahl der einzelnen Gebühren. Das nutzen die Zollherren aus und wollen reich werden: Erpressung, Betrug, Härte und Ungerechtigkeit stehen auf der Tagesordnung. Als Jude da mitzumachen, gilt als Verrat an der Nation, am Volk Gottes. Einer von ihnen ist Zachäus. Der Boss aller Steuereinnehmer. In seiner Geldgier hatte er mehrere Zollstellen gepachtet und war dadurch zu großem Reichtum gekommen. Trotzdem gehört er zu den sozial Deklassierten. Täglich spürt er die Ablehnung seiner Landsleute. Aber er kümmert sich einen feuchten Kehricht darum, was die anderen sagen. Schließlich hat er genug Freunde, die ihn seines Geldes wegen achten. Interessiert am aktuellen Tagesgeschehen hat er von dir gehört. Du würdest als Wanderprediger umherreisen und Unruhe verbreiten. Und du würdest mit Vollmacht auftreten. Aber auf eine ganz andere Weise als die Schriftgelehrten. Ja, sogar in Gottes Namen Sünden vergeben, Kranke heilen und böse Geister austreiben. Manche hätten gesagt, du seist der lang ersehnte Messias. Zachäus will mit eigenen Augen sehen, ob alles stimmt, was von dir erzählt wird. Nun erfährt er, du hättest gerade vor den Stadttoren Jerichos einem Blinden das Augenlicht zurückgegeben. Zachäus mischt sich unter die Menschen, die die Straßen säumen. Doch er ist ziemlich klein. Er kann nicht über die anderen hinübersehen. Wie soll er da einen Blick auf die Straße erhaschen? Keiner lässt ihn nach vorne durch. Die Menschen wissen durchaus, wer der kleine Mann ist: Oberzöllner, Oberschröpfer. Und die Rücken, die sich

da wie eine Wand vor ihm hin- und herverschieben,
zeigen ihm die kalte Schulter. Aber Zachäus gibt nicht
so leicht auf. Er ist erfinderisch. Wieselschnell entfernt
er sich von der Menge. Läuft ein Stück voraus. Ein
bisschen riskant ist das schon. Du könntest ja auch
einen anderen Weg einschlagen. Aber Zachäus hat nie
ein Risiko gescheut. Sonst hätte er es in seinem Leben
nicht so weit gebracht. Er weiß, was er will. Da steht
ein Maulbeerfeigenbaum am Wegesrand. Das ist für
ihn der beste Platz. Schnell steigt er hinauf. So wie
heute Leute, die ohne Eintrittskarte ein Fußballspiel
sehen wollen. Ein geschickter Schachzug; denn in den
Zweigen des Baumes kann er sich verstecken. Er selber
sieht gut. Hier hat er den Überblick. Ohne sich von
den anderen schubsen zu lassen. Gleichzeitig bleibt
er in einer gewissen Distanz. Tatsächlich nimmst du
diesen Weg. Die Rechnung des Zöllners ist aufgegan-
gen. Zufrieden betrachtet er das Geschehen unter sich.
Das muss er zu Hause erzählen. Was für ein toller
und schlauer Kerl er doch ist. Aber jetzt nimmt die
Situation eine für ihn unerwartete Wendung. Anstatt
einfach vorbeizugehen bleibst du stehen und schaust
direkt zu Zachäus hinauf. Der kann es noch nicht
begreifen. Hast du ihn wirklich gesehen? Oder hast

du nur unwillkürlich hochgeblickt, weil du unbewusst eine Bewegung dort wahrgenommen hast? Gleich wirst du deinen Weg fortsetzen. Aber weit gefehlt. Du sprichst den Mann dort oben auf dem Baum an: „Zachäus, komm schnell runter von da oben. Ich möchte bei dir heute Gast sein. Lauf nach Hause und lass alles für meinen Besuch richten." Zachäus traut seinen Ohren kaum: „Der Mensch da unten kennt mich doch gar nicht! Er lädt sich einfach bei mir ein. Woher weiß er meinen Namen? Sicherlich hat er keine Ahnung von meinem Beruf. Dann würde er bestimmt nicht bei mir zu Gast sein wollen. Als Zöllner habe ich von meinen römischen Arbeitgebern auch noch einen Teil ihrer heidnischen Lebensweise übernommen. Kein frommer Jude würde mit mir essen wollen." All diese Gedanken gehen Zachäus durch den Kopf. Nun hast du ihn vor allen Leuten hier angesprochen. Hast öffentlich gemacht, dass du mit ihm zusammen bei Tisch liegen willst. Zachäus lässt sich nicht zweimal bitten. Sofort klettert er von seinem Baum herunter und führt dich in sein Haus. Die Menschen können es nicht fassen. Weißt du denn nicht, was das für einer ist? Du als Jude und proklamierter Messias setzt dich mit einem unreinen

Menschen an eine Tafel! Die Leute sind wütend und
machen ihrem Ärger Luft. Du aber nimmst keinerlei
Notiz davon. Gibst du dich da nicht unbedacht in
schlechte Gesellschaft?

Vordergründig betrachtet schon. Ja, ich sah über
alle Mängel des Zöllners hinweg. Ich war freundlich
zu ihm, der nur gekaufte Freunde hatte. Während
ich mich in seinem Haus mit ihm unterhielt als
wäre das die normalste Sache der Welt, sah Zachäus
plötzlich alles in einem anderen Licht. Er fragte sich
ganz ernsthaft, warum ich ihn als Mensch behandelte, obwohl er bei allen anderen abgeschrieben
war. Er hörte genau zu, was ich ihm von der Liebe
meines Vaters erzählte. Von der Vergebung. Vom
Himmelreich.

Zachäus hatte dich sehen wollen. Aber in Wirklichkeit
hast du Zachäus gesucht. Du hast ihn mit seinem
Namen angesprochen, wie es schon beim Propheten
Jesaja 43,1 heißt: „Fürchte dich nicht, denn ich habe
dich erlöst. Ich habe dich bei deinem Namen gerufen,
mein bist du." Du holtest ihn aus seinem Versteck
im Baum herunter und ludest dich selbst bei ihm zu
Gast ein. Er erkannte: Gottes Sohn ist direkt zu ihm

gekommen, obwohl er für Gott bisher keinen Platz in
seinem Leben hatte.

Ohne dass Zachäus irgendetwas dafür getan
hatte, durfte er meine Gnade erfahren. Durch
meine Liebe und Barmherzigkeit wurde ihm klar,
dass ihm etwas geschenkt wurde, was er nicht
verdient hatte. Die hebräische Bedeutung seines
Namens Sakkai, „rein, unschuldig", wurde jetzt
für ihn zu einem Lebensprogramm. Ich war ihm
nachgegangen, um ihn die Gemeinschaft mit
meinem Vater neu spüren zu lassen, die er aufgegeben hatte.

Das rührte ihn so an, dass er sein Leben änderte.

Ja, auch er wollte etwas verschenken. Bisher
war der Reichtum sein Mittelpunkt. Nun schaute
der Zöllner auf seine Mitmenschen. Ohne dass ich
ihn dazu aufgefordert hätte, erklärte er: „Ich habe
so viel, dass ich im Überfluss lebe. Davon will ich
abgeben. Ich sage nicht, dass ich alles verschenke
und bettelarm auf Wanderschaft gehe. Aber die
Hälfte meines Besitzes verteile ich jetzt an Be-
dürftige. In meiner Vergangenheit habe ich viele
Menschen betrogen, mehr Geld verlangt, als ich

durfte. Die will ich entschädigen, um das Unrecht wieder gutzumachen. Ich will ihnen sogar das Vierfache dessen geben, was ich ihnen schulde." Deshalb konnte ich zu Zachäus sagen: „Heute ist diesem Haus das Heil geschenkt worden, weil auch dieser Mann ein Sohn Abrahams ist."

Warum bist du eigentlich nicht bei den Frommen eingekehrt? Sie machten nicht mit bei den Verschwörungen dieser Geldhaie mit den Römern. Sie hielten ihre Herzen rein. Sie zogen nicht am gleichen Strick mit den Ungläubigen. Waren sie nicht die Leidtragenden, die ihr Geld loswurden an solche Halsabschneider wie Zachäus? Schön brav besuchten sie die Synagoge. Sie führten ein ordentliches Leben. Sie waren die religiösen Vorbilder. Murrten sie nicht zu Recht? „Bei einem Sünder ist er eingekehrt! Warum will er nicht zu uns? Das wäre doch viel logischer. Wo wir doch so vorbildlich leben. Mit uns hätte er theologische Diskussionen führen können."

Ich wäre auch in ihr Leben gekommen, wenn sie bereit gewesen wären, von den Bäumen ihrer Arroganz herunterzusteigen, die ihnen anscheinend Sicherheiten gaben. Ich wollte auch sie herunterholen und bodenständig machen. Sie konnten aber nicht verstehen, dass ich ihre alten, engen Maßstäbe über den Haufen warf und eine neue Sichtweise für ihr Leben aufzeigte. Dass ich nicht zu denen kam, die selbstzufrieden waren. Weil sie ihren Glauben fest im Griff hatten. Ich suchte die, die auf der Suche waren. Die sich selbst verloren hatten. Das gilt auch für euch heute.

Du legst die Betonung auf das Wort „heute".

Zachäus steht hier nicht allein. Es gibt auch heute viele Suchende, Zweifelnde, Abständige, Distanzierte, ja vielleicht sogar solche, die sich für Atheisten halten. Ihr habt oft ein fertiges Urteil über sie. Ich verurteile sie nicht. Ich lasse sie suchen. Ich entdecke sie, auch wenn sie sich verstecken. Ihr Latein ist mit dem, wie sie sich selbst bisher einschätzen und wofür sie von anderen gehalten werden, noch lange nicht zu Ende. Ich habe Zeit mit euch Menschen. Ich habe viel mehr Geduld, als ihr ahnt. Der Weg kann weit sein. Niemand ist ganz verloren. Mit mir kann jeder ein neues Leben beginnen, auch wenn es belastet ist. Wenn ich euch mit offenen Lebens-

türen vorfinde und ihr mich einlasst, dann gibt
es ein Fest im Himmel.

Vom Boxring in die Kirche des „Schwarzen Nazareners"

Manny Pacquiao kommt am 17. Dezember 1978 in einem Armenviertel der philippinischen Insel Mindanao zur Welt. Als er sechs Jahre alt ist, verlässt sein Vater die Familie. Als Zwölfjähriger fängt er mit dem Boxen an. „Ich musste zum Familieneinkommen beitragen. Damals bekam ich für einen gewonnenen Kampf zwei Dollar, bei einer Niederlage einen Dollar." Um seiner Mutter und seinen fünf Geschwistern aus dem Elend zu helfen, bricht er mit 14 die Schule ab. Er macht sich auf in die 1.000 Kilometer von seinem Heimatdorf entfernte philippinische Hauptstadt Manila. Dort schlägt er sich einigermaßen mit dem Verkauf von Zigaretten durch. Endlich gelingt ihm mit siebzehn der Durchbruch zum Profiboxer. Als er langsam berühmter wird und die Preisgelder höher ausfallen, beginnt er, Armen zu helfen. „Nach jedem Boxkampf bin ich heimgefahren und habe von dem Gewinn Reis, Nudeln und Sardinen für die Armen gekauft. Dann sind immer mehr Leute zu mir gekommen, um mich um Hilfe zu bitten. Deshalb begann ich zu träumen, eines Tages in die Politik einzusteigen. Als Politiker hat man die Mittel, um wirklich zu helfen."

Heute, 20 Jahre danach, kann Manny auf acht Weltmeistertitel in sieben verschiedenen Gewichtsklassen zurückblicken. Ein absoluter Weltrekord. Doch zu Beginn seiner steilen Karriere drohten ihn die Verlockungen der Welt zu überwältigen. „Es gab Zeiten, in denen ich übermäßig trank. Ich hatte viele Frauengeschichten, war dem Glücksspiel verfallen und den Verführungen des Lebens total unterlegen. Doch mit der Zuwendung zu Gott änderte sich mein Leben radikal. Ich gab es in seine Hände. Gott ist mein Retter und Lenker. Ich danke ihm, dass er mir diese Kraft und Stärke gegeben hat."

Wie kam diese Hinwendung zu Gott?

„In einem Traum habe ich seine Stimme gehört und zwei Engel gesehen. Das hat mein Leben völlig verändert. Ich wusste jetzt, dass es Gott gibt. Ich kann es bezeugen!"

Nach diesem dramatischen Bekehrungserlebnis gründete Manny Pacquiao eine Familie, holte den Schulabschluss nach und studierte Betriebswirtschaft. Aus dem wilden Partyboy wurde über Nacht ein wiedergeborener Christ, aus dem notorischen Frauenheld ein mustergültiger Ehemann. Inzwischen hat er fünf Kinder. Ernst und ruhig spricht er über sein neu gefundenes Christentum. Wie er sich sowohl als Boxer als auch in seinem „Zweitjob" als Abgeordneter im Kongress der Philippinen von Gott leiten lässt. Man nimmt ihm ab, dass er jeden Morgen und jeden Abend mit seiner Frau Jinkee in der Bibel liest und die beiden über das Gelesene „meditieren". In seiner Heimat gilt Pacquiao längst als ein Volksheld. Er lässt Schulen und Straßen bauen, unterstützt Projekte gegen Prostitution. Im Mai 2010 gewann er die Kongresswahlen in der Provinz Sarangani und wurde deren Regierungschef. Kein Filipino zweifelt daran, dass der Super-Boxer irgendwann Staatspräsident wird.

„Mit meinem politischen Wirken möchte ich den Menschen etwas von den Wohltaten zurückgeben, die ich in meiner Traumkarriere erfahren habe. Ich will den Massen dienen, die bei jedem

Kampf standhaft zu mir hielten. Ob im Sieg oder bei der Niederlage. Ich weiß, was Armut bedeutet. Ich brauche keinen zweiten Ferrari oder ein eigenes Flugzeug. Ich möchte mit meinem Geld bedürftigen Menschen helfen. Den Armen und Leidenden Lebensfreude zu geben, ihnen durch meine Unterstützung ein Lächeln ins Gesicht zu zaubern, macht mich glücklich!"

Manny Pacquiao hat nicht vergessen, woher er kommt:
„Alles, was ich erreicht habe, geschah durch Gott!"

Manny Pacquiao ist der wahrscheinlich populärste Bürger der Philippinen. Er gehört heute zu den größten Athleten der Welt. Wenn er boxt, steht das Leben auf den Philippinen still. Die TV-Quoten betragen nahezu 100 Prozent. Die Kriminalitätsrate sinkt fast auf Null. Weil das ganze Land gebannt vor den Bildschirmen sitzt. Gloria Arroyo, die philippinische Ex-Präsidentin, nannte Pacquiao deshalb einmal „Apostel des Friedens" , weil selbst die Rebellen die Waffen ruhen lassen. Wenn „Pac Man", wie ihn seine Fans nennen, von einem Boxkampf nach Manila zurückkehrt, geht er gerne in die Kirche des „Schwarzen Nazareners" in Quiapo. Ein Ort, an dem eigentlich nur die Armen beten. Denn Manny hat nicht vergessen, woher er kommt. Und er scheut sich nicht, während einer Pressekonferenz Werbung für den christlichen Glauben zu machen: „Alles, was ich erreicht habe, geschah durch Gott. Dass er mir den Weg aus dem Desaster gezeigt hat, möchte ich alle wissen lassen."

Bildnachweis

- Zu Der Mönch und der Mörder:
  mylifeofcrime.wordpress.com
- Zu Vom Alkoholiker zum Troubadour Gottes:
  Steph Macleed
- Zu Mit einem Dollar fing alles an:
  Familie Mariens
- Zu Vom Berlusconi-Girl zur Jesus-Freundin:
  Ania Goledzinowska
- Zu Millionenbetrüger findet im Gefängnis
  zu Gott: www.Jesus.ch
- Zu Vom Raufbold zum Wallfahrts-Pater:
  Triumpf des Herzens 117/2013, Nars Beemster
- Zu Ein Nightclub-Türsteher findet sein
  Zuhause in der Katholischen Kirche:
  www.mopo.de
- Zu Eine Zarte Frau mit brüchiger
  Stimme im Kampf gegen die Sklaverei:
  Pranitha Timothy
- Zu Leiterin einer Abtreibungs-Klinik wird
  Pro-Life-Aktivistin: Abby Johnson
- Zu Vom Boxring in die Kirche des „Schwarzen
  Nazareners": AP Kamin

QUELLENANGABE

- YOU-Magazin Mai-Juni 2015
- Zeitschrift Triumpf des Herzens 111/2012, 123/2014, 117/2013
- Online FOCUS 04.11.2013
- Online DIE WELT, 26.06.2015
- Sonntagsblatt 25.08.2015
- PUR-Magazin 3/2014, 5/2015

DER AUTOR

Karl-Heinz Fleckenstein, geboren in Krombach bei Aschaffenburg (Deutschland), studierte Katholische Theologie in Würzburg und München und arbeitete als Chefredakteur der deutschsprachigen Ausgabe der internationalen Monatszeitschrift NEUE STADT.

Im Jahre 1981 übersiedelte er nach Jerusalem. Er ist mit Louisa Fleckenstein, geb. Hazboun, verheiratet. Sie haben drei Kinder.

Fleckenstein absolvierte eine Fachausbildung am Institut STUDIUM BIBLICUM FRANCISCANUM in

Jerusalem in Biblischer Theologie und Christlicher Archäologie mit dem Erwerb des Masters.

Nach seiner Dissertation in Biblischer Theologie an der Lateran-Universität in Rom arbeitet er aktuell als freier Schriftsteller, Journalist und zusammen mit seiner Frau Louisa als Reiseleiter für Pilgergruppen im Heiligen Land.

Von 2001-2005 war er ebenfalls mit Louisa als Gesamtkoordinator und Ausgräber für das archäologische Ausgrabungsprojekt Emmaus-Nicopolis tätig.